Por Uma
Educação do Campo

Dados Internacionais de Catalogação na Publicação (CIP)
(Câmara Brasileira do Livro, SP, Brasil)

Por uma educação do campo / Miguel Gonzalez Arroyo, Roseli Salete Caldart, Mônica Castagna Molina (organizadores). 5. ed. – Petrópolis, RJ : Vozes, 2011.

Vários autores.
Bibliografia.

10ª reimpressão, 2025.

ISBN 978-85-326-3047-6

1. Educação rural 2. Educação rural – Brasil I. Gonzalez Arroyo, Miguel. II. Caldart, Roseli Salete. III. Molina, Mônica Castagna.

04-3992   CDD-370.91734

Índices para catálogo sistemático:
1. Educação do campo   370.91734

Miguel Gonzalez Arroyo
Roseli Salete Caldart
Mônica Castagna Molina
(Organizadores)

Por Uma Educação do Campo

Petrópolis

© 2004, Editora Vozes Ltda.
Rua Frei Luís, 100
25689-900 Petrópolis, RJ
www.vozes.com.br
Brasil

Todos os direitos reservados. Nenhuma parte desta obra poderá ser reproduzida ou transmitida por qualquer forma e/ou quaisquer meios (eletrônico ou mecânico, incluindo fotocópia e gravação) ou arquivada em qualquer sistema ou banco de dados sem permissão escrita da editora.

CONSELHO EDITORIAL	PRODUÇÃO EDITORIAL
Diretor	Anna Catharina Miranda
Volney J. Berkenbrock	Eric Parrot
	Jailson Scota
Editores	Marcelo Telles
Aline dos Santos Carneiro	Mirela de Oliveira
Edrian Josué Pasini	Natália França
Marilac Loraine Oleniki	Priscilla A.F. Alves
Welder Lancieri Marchini	Rafael de Oliveira
	Samuel Rezende
Conselheiros	Verônica M. Guedes
Elói Dionísio Piva	
Francisco Morás	
Teobaldo Heidemann	
Thiago Alexandre Hayakawa	

Secretário executivo
Leonardo A.R.T. dos Santos

Capa: André Gross
Ilustração de capa: Anderson Pereira

ISBN 978-85-326-3047-6

Este livro foi impresso pela Editora Vozes Ltda.

Sumário

Apresentação, 7
Miguel G. Arroyo, Roseli S. Caldart e Mônica C. Molina

I. Primeira Conferência Nacional "Por Uma Educação Básica do Campo" (texto preparatório), 19
Bernardo M. Fernandes, Paulo R. Cerioli e Roseli S. Caldart

II. A Educação Básica e o Movimento Social do Campo, 65
Miguel G. Arroyo

III. A Escola do Campo em Movimento, 87
Roseli S. Caldart

IV. Diretrizes de uma Caminhada, 133
Bernardo M. Fernandes

V. Por Uma Educação do Campo: traços de uma identidade em construção, 147
Roseli S. Caldart

VI. Anexos
 – I Conferência Nacional: Documentos Finais, 161
 – Diretrizes Operacionais para a Educação Básica nas Escolas do Campo: Parecer CNE/CEB 2001 e Resolução CNE/CEB 36/2002, 175
 – Articulação Nacional "Por Uma Educação do Campo": Declaração 2002, 207

Apresentação

O livro que apresentamos aos leitores é uma introdução ao estudo do ideário da Educação do Campo. Trata-se de uma coletânea de textos que registra o momento de construção de um novo capítulo da história da educação brasileira, marcando o nascimento de um projeto de educação protagonizado pelos trabalhadores e trabalhadoras do campo e suas organizações sociais.

Os textos que compõem este livro podem ser vistos como testemunhas desta história, que é sobretudo a história da construção de um direito: o direito do povo brasileiro que vive e trabalha no campo à educação. Uma história tão tensa e tão dinâmica quanto a mais recente história do campo e das lutas pelo direito à terra, ao trabalho. A construção do direito à educação sempre acompanhou a construção da sociedade e dos seus sujeitos que se constroem construindo-a.

Nas últimas décadas assistimos a uma marcante e instigante presença dos sujeitos do campo na cena política e cultural do país. Mostram-se diferentes e exigem respeito. Onde e em que processos formadores constroem seus saberes e conhecimentos, seus valores, cultura e identidade? Esta pergunta vem sendo feita nas escolas do campo pelas educadoras, pelos educadores. Pergunta que vai ecoando até ser feita por pesquisadores e por formuladores de políticas públicas, políticas sociais e educativas. Os processos de formação, educação do povo brasileiro do campo, passaram a ser objeto de pesquisas nas universidades, objeto de atenção das agências internacionais, dos governos e principalmente dos diversos movimentos sociais. Está sendo escrita, refletida e pesquisada uma nova etapa na história da educação do povo brasileiro do campo. Que história é essa?

Cada coletivo de educadores e educadoras dos diversos movimentos populares do campo tem suas histórias a contar. Ricas práticas que se traduzem em tratos sérios da educação, seja na diversidade dos movimentos sociais, seja nas escolas, nas famílias e nas lutas pela terra. Experiências e práticas que merecem ser registradas, refletidas e mostradas.

Esta coletânea quer mostrar o início da trajetória do debate sobre o significado destas experiências, e da construção do direito a uma Educação do Campo. Nesta apresentação destacamos alguns pontos que nos parecem mais marcantes na história que estes textos reconstroem.

O *silenciamento*, esquecimento e até o desinteresse sobre o rural nas pesquisas sociais e educacionais é um dado histórico que se tornava preocupante. Por que a educação da população do campo foi esquecida? Um dado que exige explicação: "somente 2% das pesquisas dizem respeito a questões do campo, não chegando a 1% as que tratam especificamente da educação escolar no meio rural". O movimento *Por Uma Educação do Campo* nasceu para denunciar esse silenciamento e esquecimento por parte dos órgãos governamentais, dos núcleos de financiamento e estímulo à pesquisa, dos centros de pós-graduação e dos estudiosos das questões sociais e educacionais. Os textos deste livro se perguntam sobre o porquê desse silenciamento e esquecimento, e apontam algumas hipóteses.

O rural teria perdido consistência histórica e social? O povo do campo seria uma espécie em extinção? O fim do rural, uma consequência inevitável da modernização? A escola do campo teria que ser apenas um remedo da escola da cidade?

O clamor da terra. O campo brasileiro nem sempre foi silenciado. Há uma história tensa ainda a ser melhor contada. Nos últimos 20 anos a sociedade aprendeu que o campo está vivo. Seus sujeitos se mobilizam e produzem uma dinâmica social e cultural. A educação e a escola são interrogadas por essa dinâmica. Os textos que aqui estão registram que esse silenciamento está sendo revertido nos últimos anos. As universidades, os centros de pesquisa, se voltam sensibilizados para produzir referenciais teóricos capazes de compreender a nova dinâmica do campo brasileiro. Milhares de educadoras e educadores se mobilizam, se reúnem, debatem, estudam e refazem concepções e práticas educativas em escolas de comunidades camponesas, em escolas-família agrícola, em escolas dos reassentamentos do Movimento dos Atingidos pelas Barragens, em escolas de assentamentos e de acampamentos do Movimento dos Sem Terra, ou em escolas de comunidades indígenas e quilombolas.

Por meio dos textos que compõem a trajetória do debate da Educação do Campo podemos perceber que o silenciamento e esquecimento não têm mais sentido, e se torna urgente ouvir e entender a dinâmica social, cultural e educativa dos diferentes grupos que formam o povo do campo. Este movimento pretende instigar mais pesquisas, mais dissertações e teses nos programas de pós-graduação. E sobretudo lutar por maior atenção dos governos federal, estaduais e municipais para seu dever de garantir o direito à educação para milhões de crianças e adolescentes, de jovens e adultos que trabalham e vivem no e do campo.

Direitos usurpados, negados. A Educação do Campo não fica apenas na denúncia do silenciamento; ela destaca o que há de mais perverso nesse esquecimento: o direito à educação que vem sendo negado à população trabalhadora do campo. É curioso constatar que desde o início da década de 1980 foi se afirmando na sociedade brasileira o reconhecimento da educação como direito humano. "Educação, direito de todo cidadão, dever do Estado" foi o grito ouvido nas praças e ruas de todas as cidades. O movimento docente e o movimento pedagógico progressista foram protagonistas desse avanço da consciência da educação como direito. Entretanto, esse grito não chegou ao campo. Os homens e as mulheres, as crianças, os adolescentes ou jovens do campo não estavam excluídos desse grito, porém não foram incluídos nele com sua especificidade. Consequentemente, ficaram à margem. O direito à educação foi vinculado a uma concepção abstrata de cidadania, e não fomos capazes de chegar à concretude humana e social em que os direitos se tornam realidade.

Nos textos encontramos dados que mostram como no campo persistem incrustados todos os crônicos problemas de nossa educação: analfabetismo, crianças, adolescentes e jovens fora da escola, sem escolas, defasagem idade-série, repetência e reprovação, conteúdos inadequados, problemas de titulação, salários e carreira dos seus mestres. E mostram um atendimento escolar reduzido às quatro primeiras séries do ensino fundamental. Hoje temos ainda mais dados sobre esta realidade, e eles apenas confirmam um tratamento desigual e discriminatório da população do campo e a ausência de políticas públicas que alterem esta situação perversa.

As políticas educacionais no Brasil padecem de uma indefinição de rumos. E as políticas para o campo ainda mais. A escola no meio rural passou a ser tratada como resíduo do sistema educacional brasileiro e, consequentemente, à população do campo foi negado o acesso aos avanços obtidos nas duas últimas décadas no reconhecimento e garantia do direito à educação básica. O que aconteceu para que nem sequer o movimento pedagógico progressista e o movimento docente tão politizado e as políticas sociais mais inclusivas tenham chegado a incluir o povo do campo como sujeito de direitos?

Esta interrogação está presente ao longo da trajetória de construção da Educação do Campo e se vem constituindo como uma inquietante surpresa para pesquisadores e formuladores de políticas, mas principalmente para os próprios sujeitos do campo, seus movimentos sociais e seus educadores. Os textos que refletem este debate, antes de mais nada interrogam a consciência social de pedagogos, docentes, pesquisadores e formuladores de políticas; e de governos, a quem cabe a responsabilidade constitucional de garantir o direito de todos à educação.

A Educação do Campo nasce de outro olhar sobre o campo. Interroga-nos porque nem sequer os governos democráticos, nem sequer o movimento educacional progressista conseguiram colocar em seus horizontes o direito dos camponeses à educação. O olhar negativo, preconceituoso, do campo e seu lugar no modelo de desenvolvimento seriam responsáveis? A agricultura camponesa vista como sinal de atraso, inferioridade, como um modo de produção, de vida e de cultura em extinção? Como quebrar o fetiche que coloca o povo do campo como algo à parte?

O debate da relação "campo-cidade" perpassa todas as reflexões da Educação do Campo. Por muito tempo a visão que prevaleceu na sociedade, continuamente majoritária em muitos setores, é a que considera o campo como lugar atrasado, do inferior, do arcaico. Nas últimas décadas consolidou-se um imaginário que projetou o espaço urbano como caminho natural único do desenvolvimento, do progresso, do sucesso econômico, tanto para indivíduos como para a sociedade. De certa maneira esta foi a visão-suporte para o processo de modernização da agricultura implementado no país.

Estes textos que aqui trazemos fazem parte da construção de um outro olhar nas ciências sociais, no pensamento sobre modelos de desenvolvimento e também no pensamento educacional. Eles mostram que a Educação do Campo nasce sobretudo de um outro olhar sobre o papel do campo em um projeto de desenvolvimento e sobre os diferentes sujeitos do campo. Um olhar que projeta o campo como espaço de democratização da sociedade brasileira e de inclusão social, e que projeta seus sujeitos como sujeitos de história e de direitos; como sujeitos coletivos de sua formação enquanto sujeitos sociais, culturais, éticos, políticos. A questão nuclear para as pesquisas e políticas educativas será reconhecer esse protagonismo político e cultural, formador, que está se dando especialmente nos movimentos sociais do campo. Tratando desses processos formadores estaremos tratando de educação.

E esta é uma lição importantíssima para o pensamento pedagógico: não esquecer dos sujeitos da ação educativa, dos seus processos formadores. Não vê-los como destinatários passivos de propostas. O que há de mais surpreendente no campo brasileiro são os múltiplos processos de quebra de imagens estereotipadas da mulher e do homem que trabalham e vivem no e do campo. Elas e eles quebram essas imagens. Rebelam-se com outras imagens; mostram-se como outros seres humanos. Onde vêm se formando? É a pergunta nuclear destes textos.

Na tentativa de responder a essa instigante pergunta a reflexão pedagógica se enriquece, os professores e as professoras se requalificam, os movimentos sociais se descobrem agentes dessa formação. Todos esses ricos processos constituem o que aqui se entende por Educação do Campo. Um movimento de ação, intervenção, reflexão, qualificação que tenta dar organicidade e captar, registrar, explicitar e teorizar sobre os múltiplos significados históricos, políticos e culturais (consequentemente formadores, educativos) da dinâmica em que outras mulheres, outros homens, vêm se conformando no campo.

A Educação do Campo traz, então, uma grande lição e um grande desafio para o pensamento educacional: entender os processos educativos na diversidade de dimensões que os constituem como processos sociais, políticos e culturais; formadores do ser humano e da própria sociedade.

O direito à escolarização ressignificado e reposto com maior abrangência e urgência. Nos documentos que integram esta coletânea aparece a função social e cultural da escola enriquecida na medida em que se articula organicamente com a dinâmica social e cultural do campo e de seus movimentos. Se a escolarização não é toda a educação a que temos direito, ela é um direito social e humano fundamental. Mas estamos falando de uma educação e de uma escola vinculadas aos interesses e ao desenvolvimento sociocultural dos diferentes grupos sociais que habitam e trabalham no campo.

Quanto mais se afirma a especificidade do campo mais se afirma a especificidade da educação e da escola do campo. Mais se torna urgente um pensamento educacional e uma cultura escolar e docente que se alimentem dessa dinâmica formadora. Também mais se afirma a necessidade de equacionar a função social da educação e da escola em um projeto de inserção do campo no conjunto da sociedade.

Só há sentido em se discutir uma proposta educacional específica para as necessidades dos trabalhadores do campo se houver um projeto novo de desenvolvimento para o campo, que seja parte de um projeto nacional. As reflexões que abarcam a complexidade dos problemas da Educação do Campo, não podem ser compreendidas sem se analisar a dificuldade maior, que é a de sobrevivência no espaço rural, na sociedade brasileira. É preciso educar para um modelo de agricultura que inclui os excluídos, que amplia os postos de trabalho, que aumenta as oportunidades do desenvolvimento das pessoas e das comunidades e que avança na produção e na produtividade centradas em uma vida mais digna para todos e respeitadora dos limites da natureza.

Um projeto popular de desenvolvimento do campo é uma realidade que começa a ser construída. Consequentemente, exige uma educação que prepare o povo do campo para ser sujeito desta construção. Uma educação que garanta o direito ao conhecimento, à ciência e à tecnologia socialmente produzidas e acumuladas. Mas também que contribua na construção e afirmação dos valores e da cultura, das auto-imagens e identidades da diversidade que compõe hoje o povo brasileiro do campo.

A escola pode ser um lugar privilegiado de formação, de conhecimento e cultura, valores e identidades das crianças, adolescentes, jovens e adultos. Não para fechar-lhes horizontes, mas para abri-los ao mundo desde o campo, ou desde o chão em que pisam. Desde suas vivências, sua identidade, valores e culturas, abrir-se ao que há de mais humano e avançado no mundo.

Em defesa de Políticas Públicas de Educação do Campo. Os movimentos sociais carregam bandeiras da luta popular pela escola pública como direito social e humano e como dever do Estado. Nas últimas décadas os movimentos sociais vêm pressionando o Estado e as diversas esferas administrativas a assumir sua responsabilidade no dever de garantir escolas, profissionais, recursos e políticas educativas capazes de configurar a especificidade da Educação do Campo. No vazio e na ausência dos governos os próprios movimentos tentam ocupar esses espaços, mas cada vez mais cresce a consciência do direito e a luta pela Educação do Campo como política pública.

Uma política pública que parta dos diferentes sujeitos do campo, do seu contexto, sua cultura e seus valores, sua maneira de ver e de se relacionar com o tempo, a terra, com o meio ambiente, seus modos de organizar a família, o trabalho, seus modos de ser mulher, homem, criança, adolescente, jovem, adulto ou idoso; de seus modos de ser e de se formar como humanos. Fazer do povo do campo e dos seus processos de formação o ponto de partida para a formulação de políticas públicas educativas significa garantir o caráter popular destas políticas e sua articulação com um projeto de país e de campo.

Esta visão do campo como um espaço que tem suas particularidades e que é ao mesmo tempo um campo de possibilidades da relação dos seres humanos com a produção das condições de sua existência social, confere à Educação do Campo o papel de fomentar reflexões sobre um novo projeto de desenvolvimento e o papel do campo neste projeto. Também o papel de fortalecer a identidade e a autonomia das populações do campo e ajudar o povo brasileiro a compreender que não há uma hierarquia, mas uma complementaridade: *cidade não vive sem campo que não vive sem cidade.*

Os textos aqui organizados reproduzem as trajetórias tensas dessa construção da Educação do Campo. É um projeto não acabado, mas com uma instigante trajetória. Em encontros e conferências vários documentos foram produzidos. Uma fonte rica para construir essa trajetória e para novos avanços.

A divulgação desses documentos e textos pretende testemunhar essa trajetória. Mostrar os sujeitos de sua construção e também os impasses, as limitações de um percurso que se abre no caminho, defrontando-se com as mesmas resistências com que se defronta a afirmação do direito à terra, à vida, à dignidade.

Um traço aparece com todo destaque: a construção do direito do povo brasileiro do campo à educação, às letras, ao conhecimento, à cultura universal somente acontecerá vinculada à construção da pluralidade dos direitos negados. Sobretudo, vinculada à realização do primeiro direito: a terra. Que é trabalho, vida e dignidade. Que é educação.

Os textos e documentos que compõem este livro foram editados antes na Coleção de Cadernos *Por Uma Educação do Campo*, que tem servido de veículo dos registros desta memória. Foram produzidos no período de 1998 a 2002 e têm como referência os debates da I Conferência Nacional "Por Uma Educação Básica do Campo", realizada em Luziânia, Goiás, de 27 a 31 de julho de 1998, evento que foi uma espécie de "batismo coletivo" da luta dos movimentos sociais e das educadoras e dos educadores do campo pelo direito à educação.

Em agosto de 2004 acontece a II Conferência Nacional Por Uma Educação do Campo. O novo momento político do país complexificou os desafios e ampliou os parceiros da luta e do debate da Educação do Campo. A razão de publicar neste momento este conjunto de textos datados é a de socializar a memória deste processo político e pedagógico tão rico, convidando outras pessoas e outros sujeitos coletivos a participar da construção do projeto de Educação do Campo e de políticas públicas que efetivamente garantam a universalização do acesso à educação e à escola em nosso país. Em publicações posteriores deveremos prosseguir no diálogo e socializar a continuidade dos debates neste novo período.

Abrimos esta coletânea com o texto preparatório à I Conferência Nacional "Por Uma Educação Básica do Campo", escrito no início de 1998 por uma equipe indicada pelas entidades promotoras: Conferência Nacional dos Bispos do Brasil – CNBB, Movimento dos Trabalhadores Rurais Sem Terra – MST, Fundo das Nações Unidas para a Infância – Unicef, Organização das Nações Unidas para Educação, Ciência e Cultura – Unesco e Universidade de Brasília – UnB. Este texto, que combina denúncia com proposições, serviu de base para as discussões dos encontros estaduais realizados ao longo do primeiro semestre de 1998 e alimenta até hoje o debate conceitual e político da Educação do Campo.

O segundo texto, "A Educação Básica e o Movimento Social do Campo", foi escrito em 1999, a partir de uma das palestras centrais da I Conferência Nacional. Reflete sobre a dimensão educativa dos Movimentos Sociais e enraíza a Educação do Campo na dinâmica das lutas sociais, discutindo uma concepção de escola que se abre a esta dinâmica e às matrizes pedagógicas de formação dos novos sujeitos coletivos do campo.

O terceiro texto, "A Escola do Campo em Movimento", foi escrito no início do ano 2000, e seu objetivo principal é o de contribuir com uma reflexão específica sobre as escolas do campo desde a experiência particular das escolas do MST. Discute algumas lições que podem ser extraídas para a Educação do Campo da trajetória da luta por escolas públicas nas áreas de acampamentos e assentamentos de Reforma Agrária.

O quarto texto, "Diretrizes de uma Caminhada", foi escrito em 2002 e traz uma análise dos significados da recente aprovação pelo Conselho Nacional de Educação das Diretrizes Operacionais para a Educação Básica nas Escolas do Campo, vista como uma importante conquista do movimento Por Uma Educação do Campo, iniciado em 1998, e como um passo fundamental na construção da Educação do Campo como política pública.

"Por Uma Educação do Campo: traços de uma identidade em construção", quinto texto desta coletânea, foi escrito a partir de exposição feita pela autora no Seminário Nacional Por Uma Educação do Campo, realizado em Brasília, de 26 a 29 de novembro de 2002. Destaca alguns traços que vêm compondo a identidade da Educação do Campo e de seus sujeitos, no contraponto tanto ao silenciamento sobre a educação da população do campo, como também ao conceito de "educação para o meio rural".

Em anexo estão alguns documentos que demarcam a trajetória refletida pelos textos anteriores. Primeiro estão os documentos finais da I Conferência Nacional "Por Uma Educação Básica do Campo", que trazem os compromissos, os desafios e as propostas de ação assumidas pelos participantes. Na sequência estão as Diretrizes Operacionais para a Educação Básica nas Escolas do Campo, Parecer CNE/CEB nº 36/2001 e Resolução CNE/CEB n. 1/2002. Por último incluímos a Declaração 2002, elaborada pelos participantes do Seminário Nacional "Por Uma Educação do Campo", de novembro de 2002, que reafirmou a identidade da Educação do Campo e apresentou propostas de ação para o governo federal recém-eleito.

Miguel G. Arroyo, Roseli Salete Caldart e Mônica C. Molina.
Belo Horizonte/Porto Alegre/Brasília, outono de 2004.

Capítulo I

Primeira Conferência Nacional "Por Uma Educação Básica do Campo"
(Texto preparatório)

Bernardo Mançano Fernandes - Unesp
Paulo Ricardo Cerioli, osfs - Iterra
Roseli Salete Caldart - MST

I. Introdução

1. Há uma tendência dominante em nosso país, marcado por exclusões e desigualdades, de considerar a maioria da população que vive no campo como a parte atrasada e fora de lugar no almejado projeto de modernidade. No modelo de desenvolvimento, que vê o Brasil apenas como mais um *mercado emergente*, predominantemente urbano, camponeses e indígenas são vistos como espécies em extinção. Nesta lógica, não haveria necessidade de políticas públicas específicas para estas pessoas, a não ser do tipo compensatório à sua própria condição de inferioridade, e/ou diante de pressões sociais[1]. A situação da educação no meio rural hoje retrata bem esta visão.

2. Embora dominante, esta tendência não consegue avançar sem contradições. De um lado estão as contradições do próprio modelo de desenvolvimento, entre elas a da crise do emprego e a consequência explosiva que traz para a migra-

---

[1] A atual política de assentamentos do governo federal é um exemplo típico desta situação. Pressionado, de um lado pelos sem-terra e, de outro, pelas elites ou oligarquias rurais, que em muitos estados ainda têm significativo poder político e são, de fato, representantes do atraso e da truculência no campo, o governo federal não assume a existência de uma questão agrária no país, mas define uma política social de assentamentos para amenizar os conflitos que poderiam desestabilizar a sua hegemonia política. Outro exemplo é a pressão dos pequenos agricultores empobrecidos para terem acesso ao Programa Nacional de Apoio à Agricultura Familiar - Pronaf. Já conseguiram um "pronafinho"! Em condição análoga encontra-se a questão da demarcação dos territórios das nações indígenas.

ção campo-cidade. De outro está a reação da população do campo, que não aceita esta marginalização/exclusão, e passa a lutar pelo seu lugar social no país, construindo alternativas de resistência econômica, política, cultural, que também incluem iniciativas no campo da educação.

3. É neste contexto que estamos realizando a Conferência Nacional "Por Uma Educação Básica do Campo", tendo como principal objetivo ajudar a recolocar o rural, e a educação que a ele se vincula, na agenda política do país. Todos que participamos da promoção deste evento partilhamos da convicção de que é possível e necessário pensar/implementar um projeto de desenvolvimento para o Brasil, que inclua as milhões de pessoas que atualmente vivem no campo, e de que a educação, além de um direito, faz parte desta estratégia de inclusão.

4. Este texto foi organizado como subsídio às discussões que prepararam nos Estados a Conferência Nacional. Foi fruto da interlocução iniciada entre as entidades organizadoras sobre o tema. A versão aqui apresentada incorpora boa parte das contribuições que nossa Comissão recebeu, seja através dos relatórios estaduais, seja pelas observações enviadas por pessoas interessadas na problemática do campo e de sua educação. Um dos principais comentários feitos ao texto foi sobre sua abrangência. Embora seu foco específico seja a questão educacional, acaba trazendo ao debate temas mais amplos como o das opções de modelo de desenvolvimento para nosso país. Queremos ressaltar que este nos parece, de fato, o grande desafio que nos coloca o atual momento histórico: pensar e fazer uma educação vinculada a estratégias de desenvolvimento. E, na nossa opção, desenvolvimento humano de todo o povo brasileiro.

5. Continuamos afirmando o caráter provisório do texto, no sentido de que foi escrito para ser um *texto gerador* de discussão e elaboração de propostas. Esperamos que a Confe-

rência Nacional e as ações dela decorrentes possam desdobrá-lo e reescrevê-lo muitas vezes. Se assim acontecer, terá cumprido seu papel.

II. Por Uma Educação Básica do Campo

a) Educação

6. Um primeiro desafio que temos é perceber qual educação está sendo oferecida ao meio rural e que concepção de educação está presente nesta oferta. Ter isto claro ajuda na forma de expressão e implementação da nossa proposta. A educação do campo precisa ser uma educação específica e diferenciada, isto é, alternativa. Mas sobretudo deve ser *educação*, no sentido amplo de *processo de formação humana*, que constrói referências culturais e políticas para a intervenção das pessoas e dos sujeitos sociais na realidade, visando a uma humanidade mais plena e feliz.
7. A discussão principal, nesta Conferência, nos parece ser a de como garantir que todas as pessoas do meio rural tenham acesso a uma educação de qualidade, voltada aos interesses da vida no campo. Nisto está em jogo o tipo de escola, a proposta educativa que ali se desenvolve e o vínculo necessário desta educação com uma estratégia específica de desenvolvimento para o campo.

b) Educação Básica

8. Estamos trabalhando com o conceito da LDB[2] que identifica a Educação Básica como um dos níveis da Educação Escolar (o outro é o da Educação Superior), *formada pela educação infantil, ensino fundamental e ensino médio* (artigo 21), que inclui também a Educação de Jovens e Adultos (destinada às pessoas que não tiveram acesso ou continuidade de estudos no ensino fundamental e

---
[2] Lei n. 9.394/96.

médio na idade própria - artigo 37) e a Educação Profissional, integrada, mas não necessariamente vinculada, aos níveis de escolarização (artigo 39).
9. A partir do conceito presente na legislação educacional atualmente em vigor no Brasil, queremos chamar a atenção para duas questões principais:
⇒ A escolarização não é toda a educação[3], mas é um direito social fundamental a ser garantido (e hoje ainda vergonhosamente desrespeitado) para todo o nosso povo, seja do campo ou da cidade. E nunca a escolarização foi considerada tão importante como hoje. Por isso, nossa Conferência vai enfatizar esta dimensão;
⇒ A expressão *educação básica* carrega em si a luta popular pela ampliação da noção de escola pública: embora a legislação atual só garanta a obrigatoriedade do ensino fundamental, já começa a ser incorporada em nossa cultura a ideia de que todos devem estudar, pelo menos, até a conclusão do ensino médio, e de que a educação infantil (zero a seis anos) também faz parte da ideia de escola, e de escola *pública*, dever do Estado.
10. A ênfase na questão da escolarização não deve implicar em um fechamento à discussão sobre as inúmeras experiências significativas de educação não formal, de caráter popular, existentes no meio rural hoje. Muitas dessas experiências representam focos importantes de resistência e de recriação da cultura do campo, fundamentais na própria formulação de uma proposta de *escola do campo*. Neste sentido estaremos ampliando o conceito de Educação Básica, incorporando os aprendizados de outras práticas educativas, especialmente daquelas ligadas aos diversos grupos culturais que

---

[3] Neste sentido podemos concordar com o próprio conceito de educação que consta no artigo 1º da nova LDB: *A educação abrange os processos formativos que se desenvolvem na vida familiar, na convivência humana, no trabalho, nas instituições de ensino e pesquisa, nos movimentos sociais e organizações da sociedade civil e nas manifestações culturais.*

vivem e trabalham no meio rural. Apenas o foco das discussões será centrado, pelos argumentos acima, na escola.

c) Do Campo

11. Decidimos utilizar a expressão *campo* e não a mais usual *meio rural*, com o objetivo de incluir no processo da Conferência uma reflexão sobre o sentido atual do *trabalho camponês* e das lutas sociais e culturais dos grupos que hoje tentam garantir a sobrevivência deste trabalho. Mas quando discutimos a educação do campo estamos tratando da educação que se volta ao conjunto dos trabalhadores e das trabalhadoras do campo, sejam os camponeses, incluindo os quilombolas, sejam as nações indígenas[4], sejam os diversos tipos de assalariados vinculados à vida e ao trabalho no meio rural.

12. Embora com esta preocupação mais ampla, temos uma preocupação especial com o resgate do conceito de *camponês*. Um conceito histórico e político. Seu significado é extraordinariamente genérico e representa uma diversidade de sujeitos. No Brasil, em algumas porções do Centro-Sul, tem a denominação de *caipira*. Caipira é uma variação de *caipora*, que vem do tupi *kaa' pora*, em que *kaa'* significa *mato* e *pora* significa habitante. No Nordeste é *curumba, tabaréu, sertanejo, capiau, lavrador...* No Norte é *sitiano, seringueiro*. No Sul é *colono, caboclo...* Há um conjunto de outras derivações para as diversas regiões do País: *caiçara, chapadeiro, catrumano, roceiro, agregado, meeiro, parceiro, parceleiro* entre muitas outras denominações, e as mais recentes são: *sem-terra e assentado*. Estes termos, nos dicionários, trazem tanto um conteúdo valorativo, quanto depreciativo. As expressões são carregadas de sentidos pejorativos, que classificam esses sujeitos como atrasados, preguiçosos, ingênuos, incapazes. Ao mesmo tempo os definem como matutos, como aqueles

---

[4] Este texto não chega a tratar da especificidade da questão indígena. Esperamos que a Conferência possa suprir esta lacuna.

que refletem, que são prudentes, que desconfiam, que são espertos... Todavia, grande parte dessas palavras desapareceram do vocabulário cotidiano e hoje só as encontramos nos dicionários e no folclore que resiste. Essas palavras denominam, antes de mais nada, o homem, a mulher, a família que trabalha na terra. São trabalhadores. Seus significados jamais são confundidos com outros personagens do campo: fazendeiros, latifundiários, seringalistas, senhores de engenhos, coronéis, estancieiros... As palavras exprimem as diferentes classes sociais. Possuem significado histórico e político que perpassam as principais lutas de resistência camponesa do Brasil como Canudos, Contestado, Porecatu, Trombas e Formoso, Ligas Camponesas e MST.

13. Mas qual o destino social do campesinato em nosso país? Ainda há espaço para um modelo de produção camponês? Com as transformações dos processos de trabalho, com as lutas sociais do campo, como definiríamos hoje uma agricultura camponesa ou familiar?[5] Com estas questões queremos

---

[5] O texto do prof. Bernardo Mançano Fernandes, *Educação no meio rural: por uma escola do campo*, também escrito em preparação a esta Conferência, aponta para o conceito de *agricultura camponesa*, que combina as características da chamada agricultura familiar com processos de transformação provocados pelas novas formas de luta e de organização camponesa. Não cabe, nos limites deste texto, uma discussão mais aprofundada destes conceitos. Na primeira versão, insistimos no uso da expressão *agricultura familiar*, chamando a atenção para os elementos apontados por Bernardo para a agricultura camponesa, por entendermos que seria uma expressão conhecida, e evitaria uma possível leitura reducionista do termo camponês. As discussões mostraram, no entanto, que a expressão *agricultura familiar* apresenta dois limites importantes: o primeiro deles é que vem sendo utilizada também para indicar a agricultura capitalista, só que de novo tipo; o segundo é que não inclui em seu conceito as ocupações não agrícolas que passam a representar uma parcela considerável dos trabalhadores e das trabalhadoras do campo. O texto atual não chega a resolver este dilema de *nomeação*, até por considerar que se trata de um bom desafio para continuidade de nossa reflexão. Afinal de contas, caberá aos próprios sujeitos sociais de um novo modelo de desenvolvimento do campo sua *autonomeação*, como parte da construção de sua identidade econômica, política e cultural.

deixar claro nosso entendimento de que a discussão sobre a educação do meio rural não pode tratar somente dela mesma, mas, sim, deve ser inserida na discussão da problemática mais ampla do campo hoje. Não estamos falando da enxada, estamos falando de tecnologia apropriada. Estamos defendendo a reforma agrária e uma política agrícola para a agricultura camponesa. Nosso propósito é conceber uma educação básica do campo, voltada aos interesses e ao desenvolvimento sociocultural e econômico dos povos que habitam e trabalham no campo, atendendo às suas diferenças históricas e culturais. Para que vivam com dignidade e que, organizados, resistam contra a expulsão e a expropriação. Ou seja, este *do* campo tem o sentido do pluralismo das ideias e das concepções pedagógicas: diz respeito à identidade dos grupos formadores da sociedade brasileira (conforme os artigos 206 e 216 da nossa Constituição). Não basta ter escolas *no* campo; queremos ajudar a construir escolas *do* campo, ou seja, escolas com um projeto político-pedagógico vinculado às causas, aos desafios, aos sonhos, à história e à cultura do povo trabalhador do campo.

d) Por Uma ...

14. A chamada *Por Uma* Educação Básica do Campo indica o desafio da construção, do processo que pretendemos desencadear com a Conferência. Porque nem temos satisfatoriamente atendido o direito à educação básica no campo (muito longe disso) e nem temos delineada, senão de modo parcial e fragmentado, através de algumas experiências alternativas pontuais, o que seria uma proposta de educação básica que assumisse, de fato, a identidade do meio rural, não só como forma cultural diferenciada, mas principalmente como ajuda efetiva no contexto específico de um novo projeto de desenvolvimento do campo. E isto tanto em relação a políticas públicas como em relação a princípios, concepções e métodos pedagógicos.

III. Contexto[6]

a) O lugar do campo na sociedade moderna

15. Nos documentos oficiais sobre educação no Brasil a população rural aparece apenas como dado. São números citados de uma população esquecida. São apenas quantidades ou, no máximo, referências marginais e pejorativas. É como se a diferenciação entre o rural e o urbano não fizesse mais sentido, uma vez que a morte do primeiro já estaria anunciada. Precisamos entender em que contexto esta compreensão vem sendo formulada e quais as possibilidades que temos de reverter esta lógica.
16. Para pensarmos a vida no campo, precisamos pensar a relação campo e cidade no contexto do modelo capitalista de desenvolvimento em curso no país. O rápido avanço do capitalismo no campo[7] esteve baseado, no Brasil, em três elementos fundamentais: um desenvolvimento *desigual*, nos diferentes produtos agrícolas e nas diferentes regiões; um processo *excludente*, que expulsou e continua expulsando camponeses para as cidades[8] e para regiões diferentes de sua origem; e um modelo de agricultura que convive e reproduz simultaneamente relações sociais de produção *atrasadas* e *modernas*, desde que subordinadas ambas à lógica do capital. No campo, este processo tem gerado maior concentração da propriedade e da renda. Nas cidades este processo tem implicado em maior concentração urbana, desemprego e intensificação da violência. No plano das relações sociais, há uma clara dominação do urbano sobre o rural, na sua

---

[6] Este capítulo tomou como base o texto já referido de Bernardo Mançano Fernandes (1998) e também os elementos de análise do capitalismo no campo, que se encontram no Programa de Reforma Agrária do Movimento dos Trabalhadores Rurais Sem Terra - MST.
[7] Rápido, se comparado ao processo de transformação da sociedade moderna que durou pelo menos 300 anos na Inglaterra e 200 anos nos EUA.
[8] Foram 30 milhões de pessoas entre 1960-1980, sendo que 16 milhões migraram somente na década de 70.

lógica e em seus valores. Por outro lado, há também um outro fenômeno importante a considerar que é a mudança do perfil econômico e cultural da população do campo, presente neste processo. Os dados do Censo Demográfico de 1996 revelam que no Brasil, hoje, cerca de 25% da população que vive no campo trabalha na cidade; por sua vez, 25% da população que trabalha no campo mora na cidade. Isto certamente complexifica ainda mais a discussão sobre a relação entre urbano e rural e sobre as possibilidades de reversão da lógica de desenvolvimento atual.

17. A extraordinária migração campo-cidade, combinada com a hegemonia de um modelo de vida urbano, tem levado muitos cientistas e formuladores de políticas a concluir que o rural já não tem significado histórico relevante e que o campesinato está em processo de extinção. A única possibilidade de sobrevivência do camponês seria a sua integração à agroindústria patronal e sua subordinação às exigências do mercado dominado pela agricultura capitalista. Dentro desta lógica, a agricultura familiar camponesa, destinada à subsistência e ao mercado local, foi abandonada pelas políticas públicas. No entanto, há novas tendências a considerar e que apontam a possibilidade de um outro desfecho[9]:

---

[9] Existe uma concepção de que a tendência da distribuição da população é de urbanização crescente e de diminuição gradual da população camponesa. Evidente que a questão do campesinato é diferenciada em todo mundo, logo são múltiplas as tendências a respeito do futuro do campesinato. Sem dúvida a população camponesa vem diminuindo no mundo inteiro, mas sua trajetória não está determinada, nem mesmo pelo fato do número da população urbana superar a população rural. Esse é, até hoje, um processo linear e assim o concebendo, podemos até ser convencidos da perspectiva do fim do campesinato. Deste ponto de vista é inquestionável que a tendência mundial projeta cada vez mais um mundo de predominância urbana. Para o século XXI, no princípio da terceira década, as estimativas indicam que mais de 60% da população mundial irá concentrar-se nas cidades. Todavia, ainda viverão no campo pelo menos 3,2 bilhões de pessoas, das quais 3 bilhões serão das regiões mais pobres do planeta. A América Latina terá uma população rural de 108 milhões de habitantes (ABRAMOVAY, R. & SACHS, I. *Habitat*: a contribuição do mundo rural, 1995, p.11-16).

⇒ Desde os anos 80 a busca de melhores condições de vida e de novos espaços de desenvolvimento do capitalismo está interiorizando a indústria, levando as metrópoles a um crescimento apenas vegetativo.
⇒ A *modernização capitalista* da agricultura não consegue incluir a todos. Isto não tem gerado apenas a expulsão mas também lutas sociais como a dos trabalhadores sem-terra, que pressionam a realização da reforma agrária. Ao transformar latifúndios em assentamentos[10], conquistam a infraestrutura necessária para recriar a agricultura familiar, agora baseada em diferentes níveis de cooperação; geram renda e emprego. Isto tem desafiado novas pesquisas[11], e mostra que a migração campo-cidade não é uma via de mão única[12];
⇒ Os trabalhadores com terra, pequenos agricultores, também retomaram suas lutas[13], percebendo a necessidade de resistir na terra para sobreviver à política agrícola das últimas décadas. A agricultura familiar foi marginalizada pelo governo na medida em que este priorizou a agricultura capitalista (patronal) baseada

---

[10] Nas últimas duas décadas, diversos movimentos sociais e principalmente o Movimento dos Trabalhadores Rurais Sem Terra - MST - conquistaram mais de 7 milhões de hectares, assentando aproximadamente 250 mil famílias.
[11] Inclusive dos que defendem a tese de que o problema fundiário não era obstáculo para a modernização e desenvolvimento da agricultura. As teses afirmam não haver terras para a reforma agrária e que os trabalhadores rurais preferem salário à terra.
[12] Em Mirante do Paranapanema, SP, tendo por base 1991 e 1996, a população rural cresceu de 4.656 para 5.986 enquanto que a população urbana decresceu de 10.520 para 10.020. Em Teodoro Sampaio, SP, a população rural cresceu de 22.193 para 22.517, enquanto que a população urbana decresceu de 26.580 para 23.322. Em municípios de cidades pequenas como Mirante do Paranapanema e Teodoro Sampaio, ambos em São Paulo, a ampliação da agricultura familiar por meio de projetos de assentamento é a forma real de desenvolvimento econômico local.
[13] Exemplo disso é o surgimento recente no RS do Movimento dos Pequenos Agricultores - MPA, que desencadeou lutas importantes neste ano de 1998, e que já sinaliza para uma articulação nacional de lutas similares.

na monocultura exportadora. A luta dos pequenos agricultores não passa mais tanto pela busca de melhores preços, mas de crédito diferenciado para investimento e custeio, pela assistência técnica direcionada para tecnologias alternativas e para a agroecologia e pela constituição de empreendimentos cooperados, visando avançar nos demais estágios da cadeia produtiva.
18. A interação campo-cidade faz parte do desenvolvimento da sociedade brasileira, só que via submissão. O camponês brasileiro foi estereotipado pela ideologia dominante como fraco e atrasado, como *Jeca Tatu* que precisa ser redimido pela *modernidade*, para se integrar à totalidade do sistema social: ao mercado.
19. Precisamos refletir sobre o sentido da inserção do campo no conjunto da sociedade, para quebrar com o fetiche que coloca o camponês como algo à parte[14], fora do comum, fora da totalidade definida pela representação urbana. Precisamos romper com esta visão unilateral, dicotômica (moderno-atrasado) que gera dominação[15], e afirmar o

---

[14] A combinação do trabalho agrícola e industrial é a expressão mais concreta que nega a concepção de que a cidade e o campo são mundos à parte. Na realidade se relacionam, interagem em dependências recíprocas. A subordinação do campesinato aos setores urbanos é de fato constituída pelas relações políticas, construídas pela concepção analisada. Essa subjugação é denominada descaradamente como *integração*, em que os camponeses são atrelados, dependentes nas formas política, econômica e tecnológica.

[15] No interior do atual modelo de desenvolvimento da agricultura são produzidas tecnologias para ampliar cada vez mais a relação de dominação entre a agricultura patronal e a agricultura familiar, que possuem modelos distintos de organização do trabalho e, evidente, possuem interesses políticos e econômicos diferentes. Os grandes institutos de pesquisa estão voltados para a produção da agricultura patronal como, por exemplo, álcool, açúcar, café, cacau, soja, etc.; não temos um instituto da mandioca (macaxeira), da abóbora (jerimum), da cebola, do milho..., ou seja, a concepção de tecnologia agrícola é majoritariamente a da agricultura capitalista. Nosso país não possui uma agricultura unimodal, embora o modelo econômico o seja. Neste sentido, a formulação de uma tecnologia voltada para uma agricultura alternativa é uma realidade em construção, e seu desenvolvimento carece de uma educação de qualidade no campo, voltada aos interesses de sua população.

caráter mútuo da dependência: um (rural ou urbano; campo ou cidade) não sobrevive sem o outro. A sociedade atual tende a esquecer o que é rejeitado, o que não é dominante. Na sua lógica só sobrevive a versão dos vencedores.

20. Os pequenos agricultores lutam por uma política agrícola diferenciada para a agricultura familiar. A política governamental fala em agricultura familiar, mas a olha com um sentido diferente. Considera moderna a agricultura familiar vinculada com o mercado e direcionada para a obtenção de renda; e atrasada quando vinculada à subsistência. Também este fetiche deve ser desfeito. Trata-se de uma falsa contradição. Para nós, agricultura familiar é a constituída pelo trabalho familiar e também pelo assalariamento temporário, por exemplo nos períodos de safra. São estas as características que determinam a agricultura familiar, cooperada ou não.

21. Em alguns lugares, as tímidas iniciativas de Reforma Agrária já estão conseguindo implementar um modelo diferente de agricultura, que não é o do capital mas também não é o modelo camponês tradicional. Um modelo que inclui os excluídos amplia os postos de trabalho no campo, articula, organiza e aumenta as oportunidades de desenvolvimento das pessoas e das comunidades e avança em produção e em produtividade. A expansão destas experiências, pela realização imediata de uma Reforma Agrária massiva em nosso país, provocaria transformações profundas na lógica atual do desenvolvimento nacional.

22. Já vimos anteriormente que em determinados lugares, por intervenção do povo organizado e colaboração do Estado, está aumentando a população rural. É um movimento que contradiz as tendências a respeito do futuro da agricultura familiar, mesmo tendo eliminado, segundo a Contag, 832 mil empregos do campo no mesmo período.

O campo não tende necessariamente a desaparecer,[16] e exige espaço para ser sujeito.

23. Um projeto de educação que contribua para com a realidade do campo é fundamental para a modernização da agricultura brasileira, segundo novos parâmetros. A agricultura familiar é reconhecida pela sua produtividade (especialmente de alimentos), por suas iniciativas de reorganização do trabalho e da produção, através da cooperação, e por sua resistência histórica na sociedade moderna. Hoje é defendida por organismos internacionais: FAO, Banco Mundial, como modelo de agricultura sustentável, em harmonia com o meio ambiente. Existe a urgência de investimentos na interpretação e produção de conhecimento desde um modelo alternativo de agricultura, e de outros processos de trabalho que com ela se combinem. Um passo importante é reconhecermos a necessidade da escola *no* campo e *do* campo. Valorizar esta condição é o ponto de partida. Com os projetos de assentamento e a organização da cooperação entre os pequenos agricultores se ampliando, a necessidade torna-se premente.

24. Um outro grande desafio é pensar numa proposta de desenvolvimento e de escola do campo que leve em conta a tendência de superação da dicotomia rural-urbano, que seja o elemento positivo das contradições em curso, ao mesmo tempo que resguarde a identidade cultural dos grupos que ali produzem sua vida. Ou seja, o campo hoje não é sinônimo de agricultura ou de agropecuária; a indústria chega ao campo e aumentam as ocupações não agrícolas. Há traços culturais do mundo urbano que passam a ser incorporados no modo de vida rural, assim como há traços do mundo camponês que voltam a ser

---

[16] Conforme projeção do geógrafo Bernardo Mançano Fernandes – Unesp, com base nos dados do Anuário Estatístico do Brasil (1996), o Brasil contará com aproximadamente 27 milhões de pessoas vivendo no campo em 2020.

respeitados, como forma de resgate de alguns valores humanos sufocados pelo tipo de urbanização que caracterizou nosso processo de desenvolvimento... Neste sentido, uma escola do campo não precisa ser uma escola agrícola, mas será necessariamente uma escola vinculada à cultura que se produz através de relações sociais mediadas pelo trabalho na terra.

b) A realidade da Educação Básica no campo hoje

25. Vamos começar identificando quais são os principais problemas da educação no meio rural hoje. O primeiro deles é a própria escassez de dados e análises sobre este tema, o que já identifica o tipo de tratamento que a questão tem merecido, tanto pelos órgãos governamentais quanto pelos estudiosos[17]. Mas, mesmo sem o acesso a muitos dados e estudos científicos, não é difícil fazer um primeiro diagnóstico, à medida que uma simples observação da realidade, combinada com algumas informações disponíveis[18], nos permite perceber vários problemas preocupantes.

26. Analfabetismo. Os dados do IBGE de 1995 apontam que 32,7% da população do meio rural, que tem acima de 15

---

[17] Como aponta a pesquisadora Maria de Nazareth Wanderlei, é surpreendente como os cientistas sociais brasileiros abandonaram o estudo do rural a partir do início dos anos 70; *muitos estudiosos se desinteressaram pelo "rural", como se ele tivesse perdido toda consistência histórica e social, como se o fim do "rural" fosse um resultado normal, previsível e mesmo desejável da modernização da sociedade* (1997, p. 92-93). No Encontro Preparatório à Conferência Nacional, realizado no RS, a professora Malvina Dorneles, da UFRGS, apresentou dados preliminares de um levantamento que está fazendo nos programas de pós-graduação brasileiros dos últimos doze anos: segundo ela somente 2% das pesquisas dizem respeito a questões do campo, não chegando a 1% as que tratam especificamente de educação escolar no meio rural.

[18] Vamos utilizar aqui especialmente os dados que aparecem na proposta do Plano Nacional de Educação do Governo Federal tendo também a referência da proposta do Plano Nacional do II Coned, 1997.

anos, é analfabeta[19]. E estes ainda são dados relativos, porque o próprio IBGE esclarece que não participaram deste censo as populações rurais de Rondônia, Acre, Roraima, Pará e Amapá. Pelo conhecimento que temos da realidade destes estados, há grande probabilidade de que o índice geral de analfabetismo seja maior. O fato é que ainda existem milhões de pessoas (em algumas áreas rurais chegam a 90%) que não chegaram nem mesmo a este direito elementar de acesso à leitura e à escrita. Não basta o consolo de que os índices percentuais de analfabetismo estão baixando, ou seja, de que já estivemos pior. É preciso uma política pública efetivamente comprometida com a alfabetização (e a pós-alfabetização) destes jovens e adultos que continuam analfabetos.

27. Matrícula no Ensino Fundamental. Ainda há muitas crianças e adolescentes fora da escola. No Plano Nacional de Educação não constam dados específicos sobre a exclusão no meio rural. Segundo os dados do Censo de 1996 do IBGE, que constam no Plano, são aproximadamente 2,7 milhões de crianças na faixa de 7 a 14 anos que no Brasil estão fora da escola. Embora tenha havido nos últimos cinco anos um aumento de 5,9% das matrículas no ensino rural, o mesmo documento afirma que os maiores índices de crianças fora da escola estão concentrados nos *bolsões de pobreza existentes nas periferias urbanas e nas áreas rurais* (1997, p. 31). E a política tem sido a de estimular cada vez mais os estudos na cidade, buscando diminuir o número de escolas no campo, sob a alegação de que são mais caras e tornam-se inviáveis. Lutas como a dos trabalhadores sem-terra e dos povos indígenas, de garantir escolas públicas nas suas próprias áreas, vêm contestando e tentando reverter esta tendência.

---

[19] A taxa de analfabetismo no meio urbano neste mesmo levantamento é de 11,4%, o que indica um total de 15,6% da população total do país, o que quer dizer, na prática, um número próximo a vinte milhões de pessoas.

28. Ensino Médio. Estima-se que mais de 50% da população brasileira da faixa etária própria ao Ensino Médio (15 aos 17 anos) esteja fora da escola. 54,3% das matrículas no ensino médio estão na faixa etária acima de 17 anos. Por sua vez, a matrícula no meio rural representa, desde 1991, apenas 1,1% do total destas matrículas, e o número de escolas não passa de 3,2% de um total pequeno: pouco mais de 15 mil escolas em todo o país (para 195 mil de Ensino Fundamental). Em relação ao tipo de ensino, o próprio Plano Nacional de Educação afirma que, entre *os diferentes níveis de ensino, esse foi o que enfrentou, nos últimos anos, a maior crise em termos de ausência de definição dos rumos que deveriam ser seguidos em seus objetivos e em sua organização* (p. 36). No meio rural, afora algumas iniciativas isoladas, a situação é ainda pior, devendo ser objeto de especial preocupação as escolas agrícolas ou agrotécnicas, muitas delas em crise profunda: de propostas, de recursos, de profissionais. Isto também acontece com as escolas agrícolas ligadas ao Ensino Fundamental. Há que propor políticas mais ousadas nesta frente, combinada com a frente da formação profissional, agora como modalidade específica na nova LDB. Também será preciso levar em conta as novas ocupações e formas de trabalho que estão surgindo no campo.
29. Educação Infantil. Sem dúvida foi um avanço a inclusão desta demanda no meio rural, o que aconteceu mais recentemente. Ainda é tímida, porém crescente. Os dados que aparecem no Plano Nacional de Educação são ainda incompletos e relativos, porque não conseguem abranger satisfatoriamente a faixa dos 0 aos 4 anos (creche, na linguagem da legislação, ciranda infantil, na linguagem das experiências do MST). De qualquer modo os dados apontam um crescimento de 25,6% nas matrículas da educação infantil do meio rural, no período de 1991 a

1996. A discussão sobre o tipo e a qualidade do atendimento educativo a esta faixa etária (0 a 6 anos) tem a ver com a discussão de questões mais amplas sobre novas formas de trabalho e sobre uma maior participação das mulheres nos novos processos produtivos projetados para um meio rural em transformação.
30. Docentes. Há consenso sobre os dois problemas principais: valorização do magistério e formação dos professores/das professoras. Problemas que não são somente do meio rural mas sim de todo o sistema educacional brasileiro. O Plano Nacional de Educação do governo não faz menção nem traz dados sobre o campo neste tópico. Mas o que todos já sabemos é que estão no meio rural algumas das principais aberrações salariais[20], de professores que ficam longe de receber o salário mínimo, e muito menos o piso que deveria estar sendo garantido pela legislação em vigor, e que precisam se submeter a condições precárias de trabalho; que também é ali que se concentra o maior número de professores leigos, que são mínimas as possibilidades de formação no próprio meio rural, e que de modo geral os programas de formação de professores, incluindo os cursos de Magistério e os cursos superiores, não tratam das questões do campo, nem mesmo nas regiões em que grande parte dos futuros professores seguramente irá trabalhar neste contexto, ou se o fazem, é no sentido de reproduzir preconceitos e abordagens pejorativas; e que, por extensão, praticamente inexistem materiais didáticos e pedagógicos que subsidiem práticas educativas vinculadas às questões específicas da realidade do campo.

---

[20] Não são poucos os docentes do meio rural, especialmente da região nordeste, que não chegam a atingir uma remuneração equivalente à metade do salário mínimo ou até menos. Segundo dados da CNTE, estados como a Paraíba, por exemplo, mantinham em 1997 um salário base de R$ 37,00 para professores estaduais com Magistério (Plano Nacional de Educação do II Coned, 1997, p. 15).

31. Devido à situação geral da educação brasileira hoje, e em particular da tendência de marginalização das escolas do meio rural, é também um problema grave o tipo de escola pública oferecida à população do campo. De modo geral é uma escola relegada ao abandono[21]. Em muitos estados recebe a infeliz denominação de *escolas isoladas*. Como predomina a concepção unilateral da relação cidade-campo, muitas prefeituras trazem as crianças para as cidades, num trajeto de horas de viagem[22], por estradas precárias, com a finalidade de reduzir custos, e as colocam em classes separadas das crianças da cidade, reforçando desta forma a dicotomia ainda presente no imaginário da sociedade. Ou então são colocadas na mesma sala, onde são chamadas de atrasadas pelas colegas, ou mesmo por alguns de seus professores urbanos e, para serem modernas, passam a assumir valores duvidosos[23].

32. Tratada como uma espécie de *resíduo* do sistema educacional brasileiro[24], a escola no meio rural tem problemas:

---

[21] Há casos em que este abandono é literalmente percebido pela presença de prédios escolares em ruínas.

[22] Em alguns municípios do Rio Grande do Sul, por exemplo, a média de tempo gasto pelos alunos/pelas alunas do meio rural, com predomínio da agricultura familiar, no transporte escolar é de aproximadamente 3 a 4 horas por dia (ida e volta). Ou seja, praticamente um turno roubado destas crianças e adolescentes. Que *racionalidade*!.

[23] Como, por exemplo, cabular as aulas para ingerir bebidas alcoólicas nos bares, mesmo sendo menores.

[24] É interessante analisar uma passagem do documento do MEC que apresenta os Parâmetros Curriculares Nacionais (1997, p.18), onde se afirma o seguinte: *"As escolas de maior porte, que atendem em média a 669,7 alunos, estão localizadas majoritariamente nas áreas urbanas, o que resulta do intenso processo de urbanização experimentado pelo País nas últimas décadas. (...) Apesar de a maioria absoluta dos alunos frequentarem as escolas localizadas em áreas urbanas (82,6%), mais de dois terços das escolas são rurais (...). Na verdade, essas escolas concentram-se na região Nordeste (50%), não só em função de suas características socioeconômicas, mas também devido à ausência de planejamento no processo de expansão da rede física".*

⇒ falta de infraestrutura necessária e de docentes qualificados;
⇒ falta de apoio a iniciativas de renovação pedagógica;
⇒ currículo e calendário escolar alheios à realidade do campo;
⇒ em muitos lugares atendida por professores/professoras com visão de mundo urbano, ou com visão de agricultura patronal; na maioria das vezes estes profissionais nunca tiveram uma formação específica para trabalhar com esta realidade;
⇒ deslocada das necessidades e das questões do trabalho no campo;
⇒ alheia a um projeto de desenvolvimento;
⇒ alienada dos interesses dos camponeses, dos indígenas, dos assalariados do campo, enfim, do conjunto dos trabalhadores, das trabalhadoras, de seus movimentos e suas organizações;
⇒ estimuladora do abandono do campo por apresentar o urbano como superior, moderno, atraente;
⇒ e, em muitos casos, trabalhando pela sua própria destruição, é articuladora do deslocamento dos/as estudantes para estudar na cidade, especialmente por não organizar alternativas de avanço das séries em escolas do próprio meio rural.

33. Também existe a concepção de que a escola urbana é melhor do que a rural. Isto coloca mais uma vez o determinismo geográfico como fator regulador da qualidade da educação, sendo um critério equivocado da política de investimentos. É mais uma falsa ideia. O que está em questão é um projeto de escola que tem uma especificidade inerente à histórica luta de resistência camponesa, indígena, negra... Ela deveria ter valores singulares que vão em direção contrária aos valores capitalistas e à lógica patronal. Este é um dos seus elementos fundamentais.

34. É preciso considerar que o problema da educação no Brasil não se apresenta somente no meio rural. É senso comum a constatação do caos geral. Mas também é verdade que ali a situação se torna mais crítica, à medida que sistematicamente o campo vem sendo desqualificado como espaço de prioridade para políticas públicas. O próprio Plano Nacional de Educação é um exemplo claro disto. Trata-se do documento oficial da política educacional brasileira para os próximos dez anos, e não se encontra nele nenhuma preocupação em delinear políticas específicas para uma população de 33.929.020 pessoas (IBGE, 1996). Da mesma forma, a recente elaboração dos Parâmetros Curriculares Nacionais também insiste em trabalhar apenas com a referência da escola urbana[25]. Os desdobramentos a nível local são inevitáveis. São exceções as prefeituras e os governos estaduais que têm políticas e discussões específicas sobre a educação do campo.

35. Neste vazio deixado pelo Estado têm surgido algumas iniciativas da própria população, através de suas organizações e movimentos sociais, no sentido de reagir ao processo de exclusão, forçar novas políticas públicas que garantam o acesso à educação, e tentar construir uma identidade própria das escolas do campo. São exemplos deste esforço:

⇒ As Escolas-Família Agrícola (EFAs), que existem em vários estados há 30 anos, com mais de 200 centros educativos em alternância espalhados pelo Brasil e voltados para a educação dos filhos/das filhas da agricultura familiar;

---

[25] Há lugares no Brasil com a seguinte classificação: escolas urbanas e escolas não urbanas, num grosseiro desrespeito à população do campo. É também em resposta a este tipo de postura que devemos consolidar nossa proposta de *Escolas do Campo*.

⇒ As várias iniciativas no campo da alfabetização de jovens e adultos como, por exemplo, o trabalho do Movimento de Educação de Base (MEB);
⇒ A luta do Movimento Sem Terra (MST) pelas escolas de assentamento e de acampamento[26], e suas experiências na área de formação de professores e de técnicos na área da produção;
⇒ A preocupação do Movimento dos Atingidos por Barragens (MAB) com as escolas dos reassentamentos;
⇒ A luta dos indígenas e dos povos da floresta por uma escola vinculada à sua cultura;
⇒ E também as diversas iniciativas tomadas pelas comunidades e pelos professores/pelas professoras de inúmeras escolas *isoladas*, espalhadas nos vários cantos do país, que lutam pela sobrevivência e pela dignidade do seu trabalho.

36. Interessa-nos especialmente nesta Conferência construir um mapa detalhado destas práticas alternativas, afirmadoras de outras possibilidades no campo que não as projetadas pelo atual modelo de desenvolvimento do país, como matéria-prima fundamental para nossa elaboração de uma proposta de *Educação Básica do Campo*.

IV. Bases para a elaboração de uma Proposta de Educação Básica do Campo

37. A situação predominante hoje no meio rural brasileiro não deve ser entendida como uma contingência ou uma circunstância inevitável do atual momento histórico mundial. Ela é uma opção política de nossos governantes e, como tal, passível de mudanças. Nosso grande desafio é vincular

---

[26] No Rio Grande do Sul se conseguiu a aprovação pelo Conselho Estadual de Educação, em novembro de 1996, da chamada *Escola Itinerante*, com uma estrutura flexível e uma proposta pedagógica específica, próprias para acompanhar a mobilidade dos acampamentos de sem-terra.

a educação, desde as nossas tímidas experiências alternativas, com um grande e massivo projeto de crítica às escolhas já feitas e de construção de novas opções para o desenvolvimento (também *modernizador*) de nosso país. Buscar delinear o que seria a proposta de uma *escola do campo* é participar deste processo de transformação.

a) A realidade nacional

38. A sociedade brasileira está vivendo uma época crítica. No longo prazo, sua sobrevivência depende da solução que for encontrada. Não estamos nos referindo a uma conjuntura difícil, nem mesmo a uma crise econômica, mas a algo mais profundo: autoestima, valores, destino, identidade diante de si e do mundo. De forma consciente ou não, seremos cada vez mais chamados a tomar decisões, num ou noutro sentido, que dizem respeito a uma pergunta decisiva: afinal, o Brasil tem sentido? (César Benjamin e outros, 1998)

39. Estamos vivendo, querendo ou não, um projeto elaborado pelas elites de nosso país, sob a influência do capital internacional. Trata-se, sem dúvida, da fase mais excludente e provocadora de desigualdades do capitalismo. Os problemas visíveis para a população brasileira são: desemprego, fome, miséria, falta de casa, falta de terra, falta de escola, violência, falta de atendimento de saúde, sucateamento dos serviços públicos...

40. Muitos estudiosos do Brasil afirmam que nossos problemas têm duas origens:
    ⇒ Uma é que o nosso país continua sendo uma *colônia*, uma *colônia moderna*, em que o capital internacional através de diversos mecanismos toma as decisões mais importantes sobre o nosso futuro econômico e político;
    ⇒ Outra é a herança de 498 anos de uma sociedade profundamente desigual, que levou o povo excluído a uma perda de identidade cultural e de senso de nacionalidade.

41. A partir destas duas origens se resumem os principais problemas que nossa sociedade enfrenta, para além daqueles que se veem ou se sentem no dia a dia:
    ⇒ *Concentração da riqueza e da renda.* Somos o país mais desigual do mundo. Os 50% mais pobres ficam com apenas 10% da renda, enquanto os 5% mais ricos recebem 20% dela;
    ⇒ *Dependência externa.* Estamos perdendo a soberania nacional nas questões da organização de nossa economia. A indústria está sendo desnacionalizada;
    ⇒ *Dominação do capital financeiro.* Nossa economia é dominada pelas multinacionais e pelos bancos. Estes têm lucros fabulosos quando a conjuntura lhes é favorável, mas correm atrás do governo quando têm prejuízos (Proer);
    ⇒ *Estado a serviço apenas da elite.* O governo administra o Estado apenas para favorecer os interesses de grupos econômicos e financeiros minoritários, em detrimento dos serviços públicos para a população;
    ⇒ *Monopólio dos meios de comunicação.* Apenas 8 grupos econômicos, familiares, controlam os principais meios de comunicação do país;
    ⇒ *Latifúndio improdutivo e concentração da propriedade da terra.* Apenas 1% dos proprietários são donos de 46% de todas as terras do país.
    ⇒ *Bloqueio cultural.* As elites brasileiras sempre tenderam a desvalorizar as nossas coisas e a supervalorizar tudo o que vem do exterior, incutindo isto na mentalidade nacional. Ao mesmo tempo, o povo brasileiro traz a carga de 400 anos de escravidão e de dominação oligárquica.
    ⇒ *Questão ética.* Nossa sociedade está ferida moralmente pela inversão dos valores humanos, especialmente pela prática do individualismo, consumismo e egoísmo, antivalores que degradam as pessoas, a humanidade.

42. Frente a esta realidade perversa, nosso país terá que fazer uma escolha: ou segue no caminho trilhado até aqui e sucumbe à barbárie; ou revê o caminho e começa a elaborar um outro projeto de desenvolvimento, em outras bases, e que inclua o povo brasileiro, mas todo o povo, como sujeito da construção de novas alternativas que tenham como pilares a justiça social, a diminuição das desigualdades e a construção de uma nova cultura, que ajude a repensar o nosso jeito de ser país, de ser povo, de fazer história.
43. É esta realidade que tem configurado a situação do campo, tal como a descrevemos antes. Por isto as bases de nossa discussão sobre a educação do campo somente podem ser formuladas neste contexto de opção. Nesta perspectiva, os eixos fundamentais em torno dos quais precisamos estudar e discutir para chegarmos a esta elaboração nos parecem ser os seguintes:

⇒ Quais são as bases da opção brasileira por um novo *projeto de desenvolvimento nacional*, e qual o lugar da educação na construção deste projeto.

⇒ Quais são as bases da opção brasileira por um novo *projeto de desenvolvimento do campo*, como parte deste projeto nacional, e que tarefas concretas as escolas do meio rural podem/devem assumir para ajudar a concretizar ou a avançar iniciativas que já se colocam nesta perspectiva.

⇒ Que *políticas públicas* são necessárias para a implementação das escolas do campo.

⇒ Que *concepções* e que *princípios pedagógicos* constituem a opção brasileira no campo da educação e permitem a construção da identidade de uma *escola do campo*.

b) Um projeto popular de desenvolvimento nacional [27]

44. A discussão de uma *opção brasileira* parte da convicção de que é possível construir um novo caminho de desenvolvimento para o nosso país. Não há, neste sentido, um modelo pronto, porque uma das características distintivas do atual modelo é que deverá ser fruto de um amplo debate nacional. Precisamos discutir profundamente sobre como queremos que o Brasil seja, se desenvolva. A partir daí identificar os problemas prioritários a serem solucionados, os novos valores éticos e culturais a serem assumidos e vivenciados pelo povo. Isto significa retomar a construção de um *projeto nacional*. Na síntese feita por César Benjamin e demais signatários da opção brasileira, este processo envolve cinco compromissos básicos[28]:

⇒ *O compromisso com a soberania*. O Brasil precisa recuperar um grau suficiente de autonomia decisória;

⇒ *O compromisso com a solidariedade*. O Brasil deve voltar-se para a edificação de uma nação de cidadãos, eliminando-se a exclusão social e as chocantes desigualdades na distribuição da riqueza, da renda, do poder e da cultura;

⇒ *O compromisso com o desenvolvimento*. O Brasil deve romper com a tirania do capital financeiro e com a

---

[27] Em dezembro de 1997 aconteceu em Itaici, SP, uma *Consulta Popular* que reuniu delegados de centenas de organizações e movimentos sociais, sindicais, de igrejas, partidários e populares, de todos os estados do país, com a finalidade de iniciar a construção de um novo projeto de desenvolvimento para o Brasil. Este processo ali desencadeado está sendo chamado de *A opção brasileira*, que também ficou como título do livro que socializa as reflexões em andamento. As ideias que estamos colocando neste tópico foram extraídas deste livro e dos demais documentos da Consulta.

[28] O Encontro Estadual do RS propôs a inclusão de um sexto compromisso – compromisso com a *Segurança Alimentar* do povo brasileiro – que implica um redimensionamento profundo das políticas agrárias e agrícolas atualmente em vigência.

condição de economia periférica, passando a utilizar todo o seu potencial[29];

⇒ *O compromisso com a sustentabilidade.* O Brasil precisa buscar um novo estilo de desenvolvimento que não se baseie na cópia de modelos socialmente injustos e ecologicamente inviáveis;

⇒ *O compromisso com a democracia ampliada.* O Brasil precisa assumir a democracia como método e meta, forma e conteúdo, processo e projeto.

45. Para concretizar estes compromissos é preciso valorizar nossa população, o nosso patrimônio natural e social e propor um projeto que reoriente a economia, redistribua os recursos, redefina os direitos, reinvente as instituições e altere a forma e o conteúdo do exercício do poder.

46. Uma das questões que a nós particularmente cabe aprofundar é: Qual o espaço do campo neste novo projeto nacional? A escola do campo pode e deve ser um dos espaços para debate e aprofundamento desta questão.

c) Um projeto popular de desenvolvimento do campo

47. Para os que veem o processo de desenvolvimento na ótica das elites, o meio rural modernizou-se: cresce o uso de fertilizantes, de irrigação, de equipamentos mecânicos e de técnicas de controles de pragas e de doenças, enquanto cai a área cultivada, sem haver um impacto significativo na produção. Por outro lado, este mesmo processo expulsou do campo milhares de agricultores, concentrando a propriedade fundiária, e expulsou também parte dos assalariados rurais. Neste projeto não há mais espaço para a agricultura familiar de subsistência ou voltada para mercados locais, pois a agricultura patronal está globalizada e voltada para a exportação. Quem reage a este modelo tem enfrentado a

---

[29] Na afirmação de Darcy Ribeiro: *nós brasileiros somos um povo em ser, impedido de sê-lo...* (*O povo brasileiro*, p. 453).

prepotência e a violência das oligarquias rurais que controlam os latifúndios improdutivos e parte do Estado.
48. Diante do processo de modernização conservadora, as perspectivas dos pequenos agricultores são:
⇒ desaparecer, pela expropriação e assalariamento, pela migração, ou reiniciar uma nova luta pela terra com ocupações para retomar a agricultura familiar;
⇒ incorporar-se ao sistema por meio da integração com a agroindústria, ficando ao sabor das decisões dos empresários;
⇒ assimilar, se houver oportunidade, as tecnologias do que é *moderno*, assumindo uma visão empresarial (a exemplo da agricultura patronal);
⇒ reformar-se, nos limites da capacidade de absorção de tecnologias alternativas, para poder resistir à concorrência da agricultura empresarial;
⇒ transformar-se através da cooperação agrícola, mas mantendo relações artesanais de trabalho, sobrevivendo sob a ameaça permanente da falência;
⇒ reorganizar-se, desenvolvendo novas experiências, objetivando a cooperação agrícola, procurando construir uma nova saída voltada para o autossustento e para o mercado e avançando no processo da agroindustrialização.
49. Para quem olha o processo de desenvolvimento do ponto de vista dos setores populares, é possível perceber que o projeto das elites sobre a agricultura funda-se em uma racionalidade perversa, pois ele não responde aos interesses da população rural nem de todo o povo brasileiro.
50. No novo projeto nacional, o debate aponta que a agricultura familiar, especialmente a cooperativada[30], tem

---

[30] Existem experiências diversas de cooperação: associação de máquinas e de implementos agrícolas, associação de moinho de cereais, casas de farinha, associações ou cooperativas na área das pequenas agroindústrias (derivados da carne, do leite, da cana, de frutas e verduras...), cooperativas de produção agropecuária com trabalho coletivo...

uma contribuição decisiva a dar: na geração de empregos, no barateamento da comida, na liberação de renda para outros setores da economia e na melhoria das condições de vida de boa parte da população. Mas, para isto, é preciso:

⇒ Tratar a população do campo como sujeito de um projeto de desenvolvimento com base na agricultura familiar, cooperativada ou não, em vez de tratá-la como *resíduo* do processo de modernização;
⇒ Estabelecer uma política de segurança alimentar que sirva como diretriz na implementação de medidas ligadas às políticas agrícolas e agrárias;
⇒ Fazer a reforma agrária, de forma rápida e massiva, eliminando o latifúndio e dando lugar a um outro padrão de ocupação produtiva do território, baseado na agricultura familiar;
⇒ Estimular pequenos e médios agricultores a recuperar a terra, assimilar os princípios da agroecologia e reorganizar a produção através de tecnologias alternativas e novas relações de trabalho;
⇒ Agregar valor à produção da agricultura familiar através do beneficiamento ou agroindustrialização da mesma e quebrar o monopólio privado dos complexos agroindustriais e de comercialização que hoje comandam a nossa agricultura;
⇒ Implementar novas medidas de política agrícola para a agricultura familiar que garantam comércio (transporte e armazenagem), seguro agrícola, crédito diferenciado, acesso a novas tecnologias a ela direcionadas...;
⇒ Promover um amplo programa de desenvolvimento social que inclua: alfabetização de jovens e adultos, escola pública do campo, atendimento de saúde pública, construção de moradias, serviços de correio e telefonia, atividades de cultura e lazer.

d) Políticas públicas para desenvolvimento da educação básica no/do campo

51. Estamos entendendo por *políticas públicas* os *conjuntos de ações resultantes do processo de institucionalização de demandas coletivas, constituído pela interação Estado/Sociedade*[31].
52. Um dos problemas do campo no Brasil hoje é a ausência de políticas públicas que garantam seu desenvolvimento em formatos adequados à melhoria da qualidade de vida das pessoas que ali vivem e trabalham. No contexto atual do nosso país, defender políticas públicas específicas para o campo não significa discriminá-lo ou pretender insistir numa postura dicotômica entre rural e urbano. Ao contrário, no nosso caso, precisamos de políticas específicas para romper com o processo de discriminação, para fortalecer a identidade cultural negada aos diversos grupos que vivem no campo, e para garantir atendimento diferenciado ao que é diferente, mas que não deve ser desigual.
53. A discussão sobre uma proposta de Educação Básica do Campo implica um avanço na definição de políticas públicas que a sustentem. Certamente a Conferência trará mai-

---

[31] Conceito extraído de DORNELES, Malvina do Amaral. *O MOBRAL como política pública*: a institucionalização do analfabetismo. Porto Alegre, UFRGS, 1990 [Dissertação de Mestrado]. A autora continua explicando: *Nessa perspectiva, o Estado é percebido como um sistema em permanente fluxo, internamente diferenciado, sobre o qual repercutem, também diferencialmente, demandas e contradições da sociedade civil; é um interlocutor das demandas sociais dos diferentes movimentos reivindicatórios, assim como agente indutor das políticas que regulam a dinâmica geral da sociedade. Assim, o surgimento de determinadas demandas, como emergência de práticas coletivas articuladas, têm como resultado o surgimento de políticas públicas específicas. Especificidade esta que traduz o caráter dos efeitos político-institucionais da ação coletiva, ou seja, o caráter da ação do Estado, ora assimilando, ora desativando as reivindicações contidas nas lutas dos diferentes segmentos sociais. Nessa perspectiva, pode-se dizer que as Políticas Públicas delimitam os espaços de possibilidade da ação institucionalizada e da interlocução entre Estado/Sociedade.*

ores subsídios nesta linha. Mas há alguns elementos, próximos da obviedade, que já podemos destacar aqui. Precisamos com urgência de políticas públicas que garantam:
⇒ Programas ou iniciativas continuadas de alfabetização de jovens e adultos, até que seja efetivamente eliminado o analfabetismo do campo;
⇒ Acesso de toda a população a uma escola pública, gratuita e de qualidade, desde a Educação Infantil até, pelo menos, o Ensino Médio, já colocando no horizonte a demanda do Ensino Superior;
⇒ Gestão democrática nos diversos níveis do sistema escolar, incluindo a participação ativa das famílias, das comunidades, das organizações e dos movimentos sociais nas decisões sobre as políticas de ação em cada nível e na fiscalização do uso dos recursos públicos destinados às escolas;
⇒ Apoio às iniciativas de inovação de estruturas e currículos escolares nos diversos níveis da Educação Básica, visando à ampliação do acesso e ao desenvolvimento de uma pedagogia adequada às atuais demandas de um meio rural em transformação;
⇒ Criação de escolas técnicas regionais[32] que desenvolvam um ensino (fundamental ou médio) ligado à formação profissional para atuação no campo[33];

---

[32] Não somos *a priori* contra a junção de escolas menores numa escola maior (em alguns lugares chamada de nucleação de escolas), desde que observadas algumas condições: que isto não represente um deslocamento muito grande para as crianças, especialmente as menores (centros de educação infantil, por exemplo, devem ser necessariamente próximos às famílias); que estas escolas sejam no próprio meio rural; que haja efetiva melhoria das condições de infraestrutura e de qualificação dos profissionais da educação envolvidos; e que a organização curricular seja planejada de modo a incluir uma efetiva relação dos alunos/das alunas com sua comunidade de origem. Não podemos deixar de considerar também o papel da escola no desenvolvimento cultural das comunidades. Por isto a decisão de nuclear escolas não pode ser tomada somente em função de cálculos econômicos.

[33] Lembrando que isto significa hoje bem mais do que formar para o trabalho da roça, em sentido estrito. A formação profissional deve ser pensada em sintonia com estratégias de desenvolvimento regional.

⇒ Processo específico/diferenciado de seleção de docentes para as escolas do campo; quer dizer, ninguém deve ser obrigado por concurso, estágio probatório ou por *punição* a trabalhar nestas escolas. O trabalho nas escolas do campo deve ser uma escolha dos profissionais e das comunidades;
⇒ Programas específicos de formação continuada de educadores/educadoras do campo;
⇒ Inclusão de habilitações específicas ou, pelo menos, de disciplinas específicas a esta formação nos cursos de Magistério e nos cursos superiores de Pedagogia e demais licenciaturas;
⇒ Apoio à produção e à divulgação de materiais didáticos e pedagógicos que tratem de questões de interesse direto de quem vive no campo;
⇒ Apoio à realização de pesquisas e estudos sobre o meio rural que sejam subsídios à implementação de uma proposta de Educação Básica do Campo;
⇒ Proposição de políticas públicas que associem a educação com outras questões de desenvolvimento social tais como estradas, serviços de correio, de telefonia e outros, que permitam a realização de práticas pedagógicas transformadoras através da rede de comunicação.
⇒ Programas de valorização e de apoio às produções culturais próprias e ao intercâmbio cultural;
⇒ Programas combinados de produção e de formação profissional desenvolvidos na perspectiva da construção do novo projeto de desenvolvimento do campo;
⇒ Financiamento, por parte do Estado, de escolas e ou processos educativos criados e geridos por iniciativa das comunidades rurais e de movimentos populares, que não tenham finalidade de lucro.

e) **Concepções e princípios pedagógicos de uma *escola do campo***

54. Pela discussão que já fizemos até aqui, podemos sintetizar como argumentos principais para a elaboração de uma proposta específica de escola do campo:

⇒ Não é verdade que a educação escolar no meio rural seja apenas um *resíduo* do sistema educacional e tenda a desaparecer; a tendência já começa a ser outra e poderá crescer mais ainda numa outra perspectiva de desenvolvimento nacional;

⇒ Atualmente existe um quase vazio em relação a propostas pedagógicas que tomem o campo como referência; no próprio âmbito das teorias educacionais críticas, o parâmetro é o das escolas urbanas.[34] Não é do nosso interesse a cópia de modelos, importados de escolas que não contribuem para a compreensão de nossa realidade; queremos o direito a cultivar nossa própria identidade, para ter condições reais de intercâmbio e de participação na discussão da educação brasileira como um todo;

⇒ Não podemos deixar passar a oportunidade de cobrar uma dívida histórica para com a população do campo. Não podemos pensar em uma educação para a liberdade quando privamos um povo de seus direitos;

⇒ Além disso, é preciso chamar a atenção específica para os baixos índices de atendimento à educação básica no campo[35];

⇒ A escola pode ser parte importante das estratégias de desenvolvimento rural mas para isto precisa desenvol-

---

[34] Uma exceção a ser referida é a obra de Paulo Freire, que em muitos momentos tem como matéria-prima a realidade camponesa.
[35] Na maioria da vezes os índices específicos do meio rural são diluídos nas estatísticas gerais para não ficar tão explícita a desigualdade. Por exemplo: é melhor apresentar o índice de 15% de analfabetos (média geral da população brasileira) do que 32%, que é o índice (oficial) do meio rural.

ver um projeto educativo contextualizado, que trabalhe a produção do conhecimento a partir de questões relevantes para intervenção social nesta realidade.
55. Uma primeira condição para construirmos esta escola do campo é a clareza do lugar social que a educação pode ocupar na construção de um projeto de desenvolvimento. A educação não resolve por si só os problemas do país, nem tão pouco promove a inclusão social. Ela pode ser um elemento muito importante, se combinada com um conjunto de ações políticas, econômicas e culturais, que mexam diretamente no modelo econômico. A educação não levará ao desenvolvimento do campo se não for combinada com reforma agrária e com transformações profundas na política agrícola do país. É preciso ter claro isto para não cair na antiga falácia de que a educação, por si só, pode impedir o êxodo rural, por exemplo[36].
56. Estamos entendendo por *escola do campo* aquela que trabalha os interesses, a política, a cultura e a economia dos diversos grupos de trabalhadores e trabalhadoras do campo, nas suas diversas formas de trabalho e de organização, na sua dimensão de permanente processo, produzindo valores, conhecimentos e tecnologias na perspectiva do desenvolvimento social e econômico igualitário desta população. A identificação política e a inserção geográfica na própria realidade cultural do campo são condições fundamentais de sua implementação.
57. Pensar em uma proposta de escola do campo, hoje, não é pensar num ideário pedagógico pronto e fechado, mas, ao contrário, é pensar num conjunto de transformações que a realidade vem exigindo/projetando para a escola (educação básica) neste espaço social, neste momento his-

---

[36] Assim como são falaciosos certos discursos oficiais e televisivos que atribuem à escola um papel central na solução do problema do desemprego nos centros urbanos.

tórico. Ao dizermos *princípios*, dizemos também *processos* e *valores*, entendendo que estes conceitos mais se combinam do que se excluem.[37]

58. Uma primeira transformação diz respeito ao próprio *papel da escola*. Entendemos que o processo histórico aponta para pelo menos três (novos/velhos) compromissos a serem assumidos pela escola, todos combinados entre si:

⇒ Compromisso *ético/moral* com cada e de cada participante de nossas práticas educacionais, enquanto pessoas humanas, singulares e sociais, que têm necessidades, interesses, desejos, saberes, cultura, e que merecem respeito, disponibilidade e seriedade de educadores/educadoras, de entidades, de governos. Este compromisso tem como uma de suas implicações o esforço que devemos fazer para traduzir em *políticas públicas*, em *relações pedagógicas* e em *metodologias de ensino e de aprendizagem,* os demais compromissos.

⇒ Compromisso com a *intervenção social*, entendida especialmente como *vínculo com projetos de desenvolvimento regional* (por sua vez ligados à construção de um novo projeto nacional) e como *formação para o trabalho no campo*;

⇒ Compromisso com a *cultura* do povo do campo (que implica resgate, conservação, recriação), tendo como eixos fundamentais: a *educação dos valores*, no sentido da escolha entre valores humanos e anti-humanos, que se coloca hoje como elemento decisivo nas opções econômicas, políticas e sociais em relação ao modelo de desenvolvimento do nosso país e do mundo inteiro; a *educação pela memória histórica,* no sentido de cada pessoa ou grupo perceber-se como

---

[37] Para além dos *totalitarismos*, mas também para além dos *niilismos pós-modernos*.

parte de um processo que se enraíza no passado e se projeta no futuro; e a *educação para a autonomia cultural*, no sentido do povo ser estimulado a produzir sua própria cultura, suas representações, sua arte, sua palavra.

59. Uma segunda transformação se refere aos processos de *gestão da escola*, de modo que seja construído nela o espaço *público* (do povo), não necessariamente assegurado pelo seu caráter *estatal*. Para usar uma palavra bem conhecida (como palavra, mas nem sempre como prática), queremos a *democratização* das escolas, o que na situação atual quer dizer prioritariamente:
⇒ Ampliação (quantitativa e qualitativa) do acesso às escolas, não só para estudantes, mas também para suas famílias, comunidades, organizações e movimentos populares;
⇒ Maior participação da população na tomada de decisões sobre a gestão do cotidiano escolar, sobre propostas pedagógicas e sobre políticas públicas; a escola precisa ser vista como um espaço da comunidade e não como um ente externo, onde o povo entra constrangido e nem imagina que pode interferir no que ali acontece e no seu próprio *destino*;
⇒ Maior participação dos alunos/das alunas na gestão do cotidiano escolar, superando a mera democracia representativa;
⇒ Criação de coletivos pedagógicos capazes de pensar e repensar estes processos de transformação e traduzi-los em ações educativas concretas.

60. Uma terceira transformação é na *pedagogia escolar*. Precisamos incorporar as lições da educação popular na vida da escola, no jeito de ensinar e de aprender. Pensar em como trazer para dentro da escola as alternativas pedagógicas que vêm sendo produzidas também fora

dela. Precisamos também analisar com cuidado todas as experiências e toda a discussão sobre renovação pedagógica que vêm acontecendo, a partir da escola, no Brasil e no mundo. Nossas opções pedagógicas devem ser feitas a partir de uma reflexão profunda em torno da seguinte questão: quais são os principais aprendizados a ser construídos pelas nossas crianças, pelos nossos jovens e pelos nossos adultos, e que devem ser oportunizados pela escola?[38] A partir desta resposta, pensar qual o melhor jeito (pedagogia) de ajudar a construí-los...

61. Uma quarta transformação é a dos *currículos escolares*, que justamente precisam incorporar o *movimento* da realidade e processá-lo como conteúdos formativos. Algumas dimensões a serem melhor trabalhadas nas nossas escolas do campo[39]:

⇒ O currículo é o jeito de organizar o processo educativo na escola. É diferente, portanto, organizar uma escola entendendo-a como um mero local de transmissão de conhecimentos teóricos, ou como um verdadeiro *centro de formação humana*. Na perspectiva dos compromissos indicados acima, é preciso rever os tempos e espaços que têm constituído o dia a dia de nossas escolas. Não há como imaginar aulas estanques e inanimadas como principais meios pedagógicos para ajudar, por exemplo, na implementação de novos pro-

---

[38] A Comissão Internacional sobre Educação para o século XXI, em relatório à Unesco, identifica quatro grandes aprendizados: *aprender a conhecer, aprender a viver juntos, aprender a fazer, e aprender a ser.* (*Educação, um tesouro a descobrir*, 1998). Podemos inspirar-nos nesta indicação e pensá-la a partir das bases que aqui estão sendo propostas para uma educação básica do campo.

[39] Não pretendemos que estas dimensões deem conta de toda a discussão sobre os currículos das escolas do campo. Nossa opção foi pelo destaque àquelas que nos parecem pouco discutidas hoje.

cessos produtivos no campo. É preciso pensar em um *ambiente educativo* que combine múltiplas atividades voltadas às diversas dimensões de formação da pessoa;
⇒ Concordamos com a tendência pedagógica que critica a ênfase da escola na simples memorização de informações desarticuladas, afirmando a importância do *aprender a aprender*, o que significa aprender a transformar informações em conhecimentos ou em posturas diante de determinadas situações da vida. Mas tendo presente a realidade atual do campo, queremos enfatizar também a importância da escola como fonte de informações, atualizadas e diversificadas, para as comunidades do campo, como forma concreta de contribuir no seu desenvolvimento;
⇒ Uma escola do campo precisa de um currículo que contemple necessariamente a *relação com o trabalho na terra*. Trata-se de desenvolver o amor à terra e ao processo de cultivá-la, como parte da identidade *do campo*, independente das opções de formação profissional, que podem ter ou não, como ênfase, o trabalho agrícola;
⇒ Nossos currículos precisam trabalhar melhor o vínculo entre *educação e cultura*, no sentido de fazer da escola um espaço de desenvolvimento cultural, não somente dos estudantes, mas das comunidades. Valorizar a cultura dos grupos sociais que vivem no campo; conhecer outras expressões culturais; produzir uma nova cultura, vinculada aos desafios do tempo histórico em que vivem educadores e educandos e às opções sociais em que estão envolvidos;
⇒ Outra dimensão que nos parece importante aprofundar é a de como nossos currículos escolares podem ajudar

a romper com a postura *presenteísta*[40] que domina culturalmente nossa sociedade atual e que inclusive se contrapõe a um dos traços característicos da cultura camponesa, geralmente apegada a tradições e à valorização do passado. É necessário pensar como podemos transformar, não só o ensino da história, mas a abordagem de todos os conteúdos, de modo a trabalharmos a sua dimensão histórica e, sobretudo, como podemos fazer da escola um lugar onde crianças, jovens, adultos e pessoas idosas possam encontrar-se com sua história, com a história de sua comunidade, da região, do país, da humanidade, estabelecendo laços entre presente e passado, que os eduquem como *projetistas* do futuro. A *escolha de valores* de que falamos antes implica entender o caráter histórico do que nos é apresentado como única alternativa.

62. E uma quinta diz respeito à *(trans)formação dos educadores/das educadoras desta escola,* principais agentes destes processos. Na situação atual muitos dos professores/das professoras do meio rural costumam fazer parte de

---

[40] A expressão estamos tomando-a emprestada do professor Attico Chassot, no texto *Presenteísmo: uma conspiração contra o passado que ameaça o futuro,* onde analisa a importância de experiências como a que vivenciou numa escola de assentamento do MST, em que todos os anos as crianças fazem um acampamento relembrando a história da luta pela terra de seus pais e delas próprias, para reverter a tendência dominante de *desamarrar* as pessoas do seu passado, impedindo-as também de projetar o futuro. A ideia inspiradora da análise, que o autor buscou num grande historiador do nosso século, Eric Hobsbawm, também merece ser citada aqui para ser objeto de nossa reflexão: "A destruição do passado – ou melhor, dos mecanismos sociais que vinculam nossa experiência pessoal à das gerações passadas – é um dos fenômenos mais característicos e lúgubres do final do século XX. Quase todos os jovens de hoje crescem numa espécie de presente contínuo, sem qualquer relação orgânica com o passado público da época em que vivem. Por isso os historiadores, cujo ofício é lembrar o que os outros esquecem, tornam-se mais importantes que nunca no fim do segundo milênio" (*Era dos Extremos.* Companhia das Letras, 1995, p. 13).

um círculo vicioso e perverso: são vítimas de um sistema educacional que desvaloriza o seu trabalho, que coloca o meio rural como uma penalização e não uma escolha, que não viabiliza a sua qualificação profissional, que rebaixa sua autoestima e sua confiança no futuro; como vítimas tornam-se então provocadores de novas vítimas, à medida que realizam um trabalho desinteressado, desqualificado e sem ânimo. É urgente romper com esta cadeia, estabelecendo novos vínculos, novas condições e nova identidade para *educadores/educadoras do campo*. Precisamos de iniciativas específicas, envolvendo diversas dimensões:

⇒ Uma dimensão implica a *articulação* entre educadores/educadoras, tanto através da criação ou do fortalecimento dos coletivos pedagógicos locais, quanto através de eventos municipais, regionais, estaduais, nacionais, internacionais e também de uma rede alternativa de comunicação;

⇒ Urge a *qualificação* dos educadores/das educadoras, priorizando a formação escolar dos docentes leigos. Também é importante rediscutir as propostas de formação de professores dos cursos atualmente existentes, tanto a nível médio como superior;

⇒ Outra dimensão é criar *programas sistemáticos de formação*, incluindo as transformações que estamos discutindo aqui e construindo metodologias que permitam a vivência de novas alternativas pedagógicas no próprio processo de formação.

V. O Desafio de Continuar

63. As discussões que produziram este texto e que estão fazendo a Conferência Nacional "Por Uma Educação Básica do Campo" nos indicam que estamos diante de desafios históricos e que este processo necessita de continuidade.

O debate iniciado carece de desdobramentos e aprofundamentos; as propostas de ação precisam ser levadas adiante, atingir outros fóruns, transformar-se em bandeiras de luta das diversas organizações, entidades, movimentos, sociedade civil...
64. Em síntese, a partir do compromisso específico que estamos assumindo com a questão da *escola do campo*, estamos nos comprometendo em participar de duas grandes lutas que integram a *opção brasileira* no campo da educação:
 ⇒ ampliar significativamente as oportunidades educacionais e o tempo de educação e de escolarização do povo brasileiro;
 ⇒ transformar profundamente a escola onde este povo estuda: desde os conteúdos formativos que veicula até o seu jeito de ser e de fazer educação; precisamos prosseguir inventando um novo jeito: novos tempos, novos espaços, novo jeito de organizar e de gerir o processo educativo. Estamos num tempo em que a escola também é uma das convocadas a *tomar posição* diante da realidade, ajudando a construir as referências culturais e políticas para o discernimento dos estudantes em relação às suas opções. É a isto que se pode chamar de *educação para a autonomia*...
65. Que nos possamos encontrar muitas vezes no processo de construção deste novo caminho...

VI. Referências e Sugestões de Leituras Complementares

1. FERNANDES, B.M. *Educação no meio rural*: por uma escola do campo. Unesp, 1998 [Texto elaborado a pedido da Conferência].
2. *Consulta Popular*: projeto popular para o Brasil. 1998 [Cartilha para debates em grupo].

3. BENJAMIN, C. et al. *A opção brasileira*. [s.l.]: Contraponto, 1998.
4. CNBB. *Momento Nacional* – Documento preparatório. 1998. [3ª Semana Social Brasileira].
5. *Para uma melhor distribuição da terra*. O desafio da reforma agrária. [s.l.]: Loyola, 1998 [Versão popular elaborada por Frei Betto].
6. CHASSOT, A. *Presenteísmo*: uma conspiração contra o passado que ameaça o futuro [Texto submetido à publicação na Revista *Espaços da Escola,* da Editora Unijuí, 1998].
7. DELORS, J. et al. *Educação, um tesouro a descobrir.* Cortez, Unesco e MEC, 1998 [Relatório para a Unesco, da Comissão Internacional sobre Educação para o século XXI].
8. BRASIL. *Plano Nacional de Educação*. Proposta do Executivo ao Congresso Nacional. MEC/Inep, 1998.
9. BRASIL. *Plano Nacional de Educação*. Proposta da Sociedade Brasileira. II Coned, 1997.
10. CUÉLLAR, J.P. (org.) *Nossa diversidade criadora*. Relatório da Comissão Mundial de Cultura e Desenvolvimento.
11. BACELAR, T. & BENJAMIN, C. *Brasil*: reinventar o futuro. Sindicato dos Engenheiros do Rio de Janeiro, 1997.
12. FREIRE, P. *Pedagogia da Autonomia* – Saberes necessários à prática educativa. [s.l.]: Paz e Terra, 1997.
13. BRASIL. Lei n. 9394, de 1996. *Lei de Diretrizes e Bases da Educação Nacional*.
14. ABRAMOVAY, R. & SACHS, I. *Habitat*: a contribuição do mundo rural. *São Paulo em Perspectiva*. Vol. 9, n. 3, 1995.
15. RIBEIRO, D. *O povo brasileiro*. A formação e o sentido do Brasil. [s.l.]: Companhia das Letras, 1995.
16. FIORI, J.L. *Em busca do dissenso perdido*. Insight Editorial, 1995.

17. MST. *Programa de Reforma Agrária*. MST, 1995.
18. CNBB. *Brasil*: alternativas e protagonistas. 2ª Semana Social Brasileira. Vozes, 1994 [Setor Pastoral Social da CNBB].
19. WANDERLEY, M.N.B. O *"lugar" dos rurais*: o meio rural no Brasil moderno.
20. MARTINS, J.S. *Os camponeses e a política no Brasil*. Vozes, 1981.
21. FURTADO, C. *O mito do desenvolvimento econômico*. Paz e Terra, 1974.
22. PRADO JUNIOR, C. *Formação do Brasil Contemporâneo*. Brasiliense, 1957.
23. CASTRO, J. *Geografia da Fome*. Livraria Casa do Estudante do Brasil, 1955.

Brasília, julho de 1998.

Credo do Educador

*Creio na Educação, porque humaniza,
busca o novo,
é geradora de conflito,
preparando para a vida*

*Creio na Educação, porque acredito no homem e na mulher
como sujeitos de suas histórias,
capazes de construir sempre novas relações*

*Creio na Educação que, quando libertadora,
é caminho de transformação,
para a construção de uma nova sociedade*

*Creio na Educação que promove e socializa,
que educa criticamente e democraticamente,
levando o ser humano a conhecer a si mesmo e ao outro.*

*Creio na Educação Básica do Campo, porque recupera e
propõe a luta, a cultura, o trabalho, a vida e a dignidade
dos trabalhadores e das trabalhadoras do campo*

*Creio na Educação, porque sempre terei o que
aprender e o que ensinar*

*Creio na Educação como um processo
permanente e dialético
que acompanha o ser humano em toda a sua existência.*

(Adaptado do IV Cedec, 1995)

Capítulo II

A Educação Básica e o Movimento Social do Campo

Miguel Gonzalez Arroyo

1 Pedagogia dos Gestos, Pedagogia do Fazer...

Em 1994, quando se realizou o 1º Encontro de Educadores dos Assentamentos em Belo Horizonte, estive lá e aprendi muita coisa. Estive, também, recentemente, num Encontro Estadual em Belo Horizonte. Mais uma vez aqui, nesta Primeira Conferência "Por Uma Educação Básica do Campo", tenho a oportunidade de viver com vocês um momento pedagógico. A impressão que levo desta Conferência é que ela não fala de pedagogia, ela não apenas fala de educação básica do campo. Ela, em todo momento, é pedagógica, é educativa. Todos os gestos são educativos. Aqui se fala mais com gestos do que com palavras. Isto é uma característica muito forte do movimento social do campo. Vocês falam de mil maneiras, falam com muitas linguagens, com palavras, com rituais e com sua mística maravilhosa. Falam cantando, falam com a presença das crianças, as crianças chorando, brincando, acompanhando as mães e os pais.

Mas o que mais me impressionou são os rituais, os gestos. A força educativa do ritual, dos gestos, está presente e domina todos os encontros de vocês. A sociedade brasileira está aprendendo com o movimento do campo. Vocês já perceberam que quando o MST é notícia, ele não aparece falando, mas fazendo, ele aparece com gestos, gestos que impressionam, chocantes, que obrigam a pensar e a repensar este país. Parabéns a vocês por esta Conferência e, sobretudo, que continuem esta pedagogia dos gestos, do ritual; parabéns a vocês pela recuperação de estilos pedagógicos que não podem ser perdidos.

2 Movimento Social e Educação

Em meu tema, "A educação básica e o movimento social do campo", parto de dois fatos: 1º fato – existe um movimento social do campo. Parece-me que hoje a imprensa, as elites, a sociedade, todos reconhecem que o campo não está parado, o campo está vivo, há mais vida na terra do que no asfalto da cidade, e este me parece um ponto fundamental: termos consciência de que hoje onde há mais vida no sentido de movimento social, onde há mais inquietação, é no campo.

O 2º fato que gostaria de destacar: não só há no campo uma dinâmica social, ou movimentos sociais no campo, também há um movimento pedagógico. Procuro estar atento por onde é que neste país está acontecendo a renovação educativa e observo que está acontecendo nos movimentos sociais e nos governos populares. Estou acompanhando várias propostas pedagógicas: em Belo Horizonte, a Escola Plural; em Brasília, a Escola Candanga; em Porto Alegre, a Escola Cidadã, e em Blumenau, a Escola Sem Fronteiras. Há uma série de experiências inovadoras coladas às raízes populares, ao movimento da renovação pedagógica, na cidade, nos municípios e também no campo.

Gostaria que não esquecessem que o que vocês estão fazendo em suas escolas, nos assentamentos, na educação de adultos, na educação indígena, faz parte de um movimento da renovação pedagógica de raízes populares e democráticas como nunca houve neste país. É algo completamente novo, diferente, por quê? Porque se insere num movimento social e cultural, brota do próprio movimento social do campo ou dos movimentos sociais da cidade. O tema desta Conferência não vincula educação com novas tecnologias, não vincula educação com demanda do mercado. Estamos querendo vincular educação com o movimento social, o que significa isso? Significa que acreditamos que a educação se tornará realidade no campo somente se ela ficar colada ao movimento social. Mais ainda, acreditamos que o próprio movimento social é educativo, forma novos valores, nova cultura, provoca processos em que desde a criança ao adulto novos seres humanos vão se constituindo.

3 O Movimento Social no Campo é Educativo

Vamos começar exatamente colocando a seguinte questão: como se vincula a construção da educação básica no campo com o movimento social ou, em outros termos, *que educação básica o movimento social no campo estaria construindo?* Não parto do suposto de que nesta Conferência vocês estariam começando a pensar na educação básica do campo. Parto do suposto de que já estamos construindo a educação básica do campo exatamente porque há um movimento social acontecendo. Ele é educativo. Esse movimento social acontecendo está sendo o foco desta Conferência.

O que percebi aqui é que vocês não falaram do tipo de educação que temos de construir para um dia os trabalhadores do campo serem educados. Não é por aí que vocês colocam as questões, o que vocês colocam são questões mais radicais, perguntam-se por um projeto popular, nacional, para o campo. Vocês percebem que nesse projeto mais amplo e nacional encontrará sentido um projeto popular de educação básica. Não caem na visão ingênua tão repetida que culpa os trabalhadores do campo, sua falta de educação e preparo pelos problemas, pela pobreza, injustiça, atraso, baixa produtividade, etc. Para vocês há uma relação íntima entre a falta de um projeto para o campo e a educação. Consequentemente vocês veem uma estreita relação entre as mudanças na educação e o movimento social que acontece no campo.

Qualquer proposta e ação educativas só acontecem se enxertadas em uma nova dinâmica social. A educação rural está em questão nesta Conferência, porque o campo está em questão. A educação faz parte da dinâmica social e cultural mais ampla. Os educadores estão entendendo que estamos em um tempo propício, oportuno e histórico para repensar radicalmente a educação, porque o campo no Brasil está passando por tensões, lutas, debates, organizações, movimentos extremamente dinâmicos.

Como educadores, temos de ter sensibilidade para essa dinâmica social, educativa e cultural, e perguntar-nos que novos sujeitos estão se constituindo, formando, que crianças, jovens, adultos, que mulheres, que professoras e professores, que lideranças, que relações sociais de trabalho, de propriedade, que valores estão sendo aprendidos nesse movimento e dinâmica social do campo. O foco de nosso olhar não pode ser somente a escola, o programa, o currículo, a metodologia, a titulação dos professores. Como educadores temos de olhar e entender como nesse movimento social vêm se formando, educando um novo homem, uma nova mulher, criança, jovem ou adulto.

Então, vamos tentar responder a estas perguntas: *Que Educação Básica do Campo estaria já se construindo?* Ontem vi muitas experiências apresentadas. Todas elas mostram o que já está acontecendo, o que já está germinando. A educação já está muito crescida e dando frutos. A questão que se coloca ao meu ver hoje para todos os educadores que trabalham no campo é como recolher o conjunto de práticas educativas inovadoras que já acontecem na educação de adultos, nas escolas-família agrícola, na educação infantil, na escola dos assentamentos, na formação de professores..., nesse conjunto de práticas onde vocês estão inseridas e inseridos e que já estão germinando.

E o que falta, então? Faltam encontros como este, para que procuremos entender quais são as matrizes dessa nova Educação Básica do Campo, que já está acontecendo. Em outros termos: O que está faltando é descobrirmos aqueles núcleos, ou aqueles pilares, ou aquelas matrizes, que terminarão sendo as vigas mestras que vão constituir um projeto de educação básica. Esta é uma das tarefas centrais neste momento: captar a escola, a educação que está brotando, captar o que há de educativo no conjunto de ações, gestos, lutas do movimento social do campo.

A impressão que eu tenho é que há muita variedade de experiências, com significados muito diferentes, e o que importa é tentarmos entender estes significados, não para simplesmente aceitar tudo, mas para juntos nos colocar a seguinte questão: dessas experiências, quais delas ou que aspectos delas serão constitutivos de uma educação básica do campo?

É por aí que eu gostaria de encaminhar a minha reflexão e destacaria pontos que me parecem fundamentais. Percebi que estas experiências educativas não têm uma concepção simplista da educação. A imagem que sempre temos na academia, na política, nos governos é que para a escolinha rural qualquer coisa serve. Para mexer com a enxada não há necessidade de muitas letras. Para sobreviver com uns trocados, para não levar manta na feira, não há necessidade de muitas letras. Em nossa história domina a imagem de que a escola no campo tem que ser apenas a escolinha rural das primeiras letras. A escolinha cai não cai, onde uma professora que quase não sabe ler ensina alguém a não saber quase ler.

Eu vi aqui que esta visão negativa do campo e da educação não é verdadeira e espero que desapareça no horizonte das elites, dos educadores e do próprio povo. O que vocês estão colocando é outra compreensão e prática da educação básica: a escola rural tem que dar conta da educação básica como direito do homem, da mulher, da criança, do jovem do campo. Ou seja, estamos colocando a educação rural onde sempre deve ser colocada, na luta pelos direitos. A educação básica, como direito ao saber, direito ao conhecimento, direito à cultura produzida socialmente.

O que vocês estão mostrando é que o povo no campo tem tanto direito à educação básica quanto os nossos filhos na cidade. Isto é possível, posso falar por experiência própria. Eu estudei numa escola rural. Sou filho de uma família rural, minha mãe continua lá, na cidadezinha onde nasci, cuidando de galinha, de coelho, plantando a vinha, colhendo a uva, fazendo um vinho maravilhoso. Meu pai viveu a vida inteira muito apaixonado pela sua plantação de vinho, morreu colhendo a uva. Estudei numa escola rural. Lembro da minha escola, não como uma escolinha pobre "cai não cai", apenas das primeiras letras. Tenho uma lembrança muito boa da minha experiência na escola rural e é por isso que falo apaixonado que é possível uma nova escola. É possível recuperar a educação básica, recuperar o saber, a cultura, a ética, recuperar os valores próprios de uma educação básica no campo. Gostei do tema da Conferência: é melhor falar em educação básica do campo do que em escola rural.

4 A Escola na Fronteira dos Direitos

Gostaria de colocar outro ponto: *como construir essa educação básica?* O que tem de característico essa educação básica? O que o movimento social nos diz sobre a educação básica? O movimento social nos coloca no terreno dos direitos. A educação básica tem que ser vinculada aos direitos. Não no espaço estreito do mercado. O mercado é muito pouco exigente com a educação básica, tanto de quem mora na cidade quanto no campo. Para trabalhar na cidade, para pegar o ônibus, para ler o número do ônibus, de poucas letras precisa o trabalhador urbano; para trabalhar na roça, menos ainda. O mercado nunca foi bom conselheiro para construir um projeto de educação básica.

O movimento social é mais exigente porque nos situa no terreno dos direitos, nos leva a vincular educação com saúde, cooperação, justiça, cidadania. O direito coloca a educação no terreno dos grandes valores da vida e da formação humana. É aí que vocês estão colocando a educação básica: por que educar o trabalhador no campo, a trabalhadora, os sem-terra, por quê? Porque são sujeitos de direitos. Os direitos que estão aqui destacados nas paredes, destacados nas músicas, nas bandeiras, na mística: terra, justiça, igualdade, liberdade, trabalho, dignidade, saúde, educação... Como a escola rural vai incorporar direitos? Esta é a pergunta que nós teríamos que colocar diante do avanço da consciência dos direitos. O movimento social no campo representa uma nova consciência do direito à terra, ao trabalho, à justiça, à igualdade, ao conhecimento, à cultura, à saúde e à educação. O conjunto de lutas e ações que os homens e mulheres do campo realizam, os riscos que assumem, mostram quanto se reconhecem sujeitos de direitos.

A educação básica somente se universalizou acompanhando esses avanços dos direitos. A universalização da consciência dos direitos foi sempre o caminho para a universalização da educação básica. Esta Conferência pretende situar o projeto de educação básica do campo aí. Isso é mais promissor do que situar-nos apenas nas demandas do mercado por novas competências e habilidades. Insisto, as demandas do mercado não dariam conta da universalização da educação básica.

A questão que teremos de nos colocar é que escola, que concepção e prática pedagógica, que estrutura escolar dará conta do direito à educação básica. Em outros termos, devemos ter clareza, como educadores, de que pode estar acontecendo um descompasso entre o avanço da consciência dos direitos e a educação escolar. O movimento social avança. O homem, a mulher, a criança ou o jovem no campo estão se constituindo como novos sujeitos sociais e culturais, e a escola continuará ignorando essa realidade nova? Não nos é pedido que como educadores dinamizemos a sociedade rural a partir da escola, mas que dinamizemos a escola, nossa ação pedagógica, para acompanhar a dinâmica do campo.

Como educadores não podemos perder esse movimento histórico e colocar-nos questões básicas para a escola. A escola trabalha com sujeitos de direitos, a escola reconhece direitos, ou a escola nega direitos? A escola foi feita para garantir direitos, porém ela, infelizmente, é peneiradora, é excludente dos direitos. Então a questão a nos colocar é: que escola estamos construindo? Que garantia de direitos a nossa escola dá para a infância, para a adolescência, para a juventude e para os adultos do campo? Quando vocês, professores e professoras, recebem jovens, adultos, crianças na escola, olham para eles como sujeitos humanos, ou apenas como alunos? Temos de rever nosso olhar sobre os educandos. A escola só olha o aluno e não vê que por trás do aluno há uma criança, um jovem, um adulto, um ser humano. Não importa ao professor que jovem é esse, que trabalhador é esse, que criança é essa? O que importa é apenas que o aluno tem de aprender a ler, aprender a escrever, a contar?

Quando situamos a escola no horizonte dos direitos, temos de lembrar que os direitos representam sujeitos – sujeitos de direitos, não direitos abstratos –, que a escola, a educação básica tem de se propor tratar o homem, a mulher, a criança, o jovem do campo como sujeitos de direitos. Como sujeitos de história, de lutas, como sujeitos de intervenção, como alguém que constrói, que está participando de um projeto social. Por isso a escola tem de levar em conta a história de cada educando e das lutas do campo. Uma coisa que me impressionou aqui é que nas suas músicas vocês falavam: sou criança, sou negro, sou índio, sou brasileiro, não é verdade? As músicas de vocês falam sempre de sujeitos, falam sempre de lutas, gente que acorda para a vida, para lutar por seus direitos, como estávamos vendo aqui de manhã na mística. A primeira a acordar foi a mulher.

O movimento no campo não é só de homens. Ele é de todos: mulheres, homens, crianças, jovens integrados nesse movimento social, constituindo-se como sujeitos de direitos. Acordando e lutando. A escola reconhecendo a história concreta de cada educando, do coletivo, da diversidade dos gêneros, das raças, das idades... Eu vi aqui, o tempo todo, sujeitos; sujeitos conscientes. Ontem à noite, crianças dançando com adultos. Vi a mística jovem, e quando estávamos discutindo a formação de professores, vi crianças deitadas pelo chão, brincando. Vocês agem, lutam, cantam, têm místicas sempre do coletivo. Não separam de um lado homens, de outro mulheres, de um lado adultos, de outro jovens e crianças. Educam-se como coletivo. Aqui não vemos apenas pessoas que escutam alguém que fala. Vemos pessoas que agem, participam, falam. Recuperem isso na educação, por favor. Não tratem os alunos como números, não tratem os alunos como alunos, tratem-nos como sujeitos, sujeitos que trazem história, que têm diferenças. É diferente ser mulher e homem, negro e branco. É diferente ser criança, ser adolescente, ser jovem. Tratar o aluno como gente, no seu tempo, na sua idade, no seu gênero, na sua raça, na sua história, na sua diversidade, no seu momento de formação humana. Nossa escola nivelou todo mundo pela média. Se passa da média, aprova; se não passa da média, reprova e repete.

Lembro-me de um professor que me falou o seguinte: "Arroyo, pela primeira vez na escola, antes de mostrar o livro que todo ano mostrava – o livro vai ser este! – eu olhei para meus alunos e vi que cada um tinha um rosto diferente. Eu me perguntei: Quem são esses alunos com os quais vou conviver durante 200 dias por ano?" Este olhar tem que ser recuperado na educação. Temos que recuperar o humanismo pedagógico que foi enterrado por uma tecnologia imperativa; que foi enterrado pela burocratização da escola; que foi enterrado nas políticas públicas educativas. O homem, a mulher, a criança no campo tem seu rosto. O professor, a professora também tem seu rosto, seu nome, sua história, sua diversidade de gênero, raça, idade, formação. Também eles são sujeitos em construção. Como professores, temos, no meu entender, essa tarefa; tirar a máscara e descobrir a pessoa que está por trás de cada criança, de cada jovem, de cada adulto, conhecer a sua história.

Esta pode ser uma característica fundamental da educação básica no campo, porque essa é uma característica dos movimentos sociais, ser feitos por sujeitos, valorizar as pessoas, respeitar suas diversidades, seus direitos. Então, a primeira característica: vincular a educação com os direitos e, vinculando a educação com os direitos, vincular a educação com os sujeitos. Os sujeitos concretos, históricos, tratados como gente na escola. Como é forte ver os rostos dos sem-terra erguidos, orgulhosos de sua condição, seguros dos direitos pelos quais lutam. Esses mesmos sujeitos vão à escola, lutam pela educação com o mesmo rosto erguido.

5 A Terra Produz a Gente

Pensemos em outra característica importante na construção da educação básica: vi aqui que as palavras mais repetidas foram *terra, trabalho, produção, família, comunidade, assentamento, escolas agrícolas, família agrícola*. O que significa tudo isso? Que vocês acreditam que os processos educativos passam pelo conjunto de experiências, de vivências que o ser humano tem ao longo de sua vida. E a experiência que nos marca a todos é a experiência do trabalho, da produção, o ato produtivo que nos produz como pessoas. O ser humano não produz apenas alimentos, roupas, ele se produz na medida em que produz. Lembrem-se daquela frase de Dom Tomás Balduíno: "Terra é mais do que terra". Lembram? Uma frase bonita: A terra é mais do que terra. A produção é mais do que produção. Por quê? Porque ela produz a gente. A cultura da roça, do milho, é mais do que cultura. É cultivo do ser humano. É o processo em que ele se constitui sujeito cultural. Por isso vocês não separam produção de educação, não separem produção de escola.

O discurso oficial nos fala: "Toda criança na escola!", "Lugar de criança é na escola!". É verdade em parte. Lugar de criança é na família, no trabalho, na luta pela terra e na escola. Coitadas das crianças se o lugar delas fosse apenas a escola. Já pensaram coisa mais triste, do que ficar na escola o tempo todo? Eu vejo crianças indo à escola; muitas vão tristes e saem acabrunhadas. Não é para menos. Lugar de criança não é apenas na escola, porque não podemos supor que só se educa na escola. Escola sim, mas vinculada ao mundo do trabalho, da cultura, ao mundo da produção, vinculada à luta pela terra, ao projeto popular de desenvolvimento do campo. Nós temos que recuperar os vínculos entre educação e terra, trabalho, produção, vida, cotidiano de existência; aí é que está o educativo.

O 1º artigo da nova Lei de Diretrizes e Bases da Educação (LDB) diz o seguinte: "A educação abrange os processos formativos que se desenvolvem na vida familiar, na convivência humana, no trabalho, nas instituições de ensino e pesquisa, nos movimentos sociais e organizações da sociedade civil e nas manifestações culturais". E acrescenta: "A educação escolar deverá vincular-se ao mundo do trabalho e à prática social". Esta tem que ser a marca de vocês. Se alguém não pode renunciar a essa marca, esses são vocês que lutam pela terra, por outro modelo de produção e de educação básica. Não é só levar toda criança do campo à escola. Vocês defendem a alternância entre família, trabalho, escola, ou uma proposta de educação básica como síntese orgânica entre as experiências na vida familiar, produtiva, da rua, do campo, do trabalho e de projetos educativos.

A escola é mais um dos lugares onde nos educamos. Os processos educativos acontecem fundamentalmente no movimento social, nas lutas, no trabalho, na produção, na família, na vivência cotidiana. E a escola, o que tem a fazer? Interpretar esses processos educativos que acontecem fora, fazer uma síntese, organizar esses processos educativos em um projeto pedagógico, organizar o conhecimento, socializar o saber e a cultura historicamente produzidos, dar instrumentos científico-técnicos para interpretar e intervir na realidade, na produção e na sociedade. A escola e os saberes escolares são um direito do homem e da mulher do campo, porém esses saberes escolares têm que estar em sintonia com os saberes, os valores, a cultura e a formação que acontecem fora da escola.

Chegamos a outro ponto central, na construção de um projeto e uma prática de educação básica do campo: reconhecer que os processos educativos, ou melhor, que *a educação básica tem que prestar especial atenção às matrizes culturais do homem, da mulher, do povo do campo*. Vamos ver se eu deixo isso mais claro. A escola se vincula ao mundo da produção. Mas a escola se vincula sobretudo aos processos culturais inerentes aos processos produtivos e sociais. A escola se vincula, sobretudo, às matrizes culturais do povo, da comunidade, às matrizes culturais do campo. Vincula-se às mudanças culturais que o movimento social provoca.

No início falei de algo que impressiona em seus encontros e suas lutas: a quantidade de gestos e rituais, de linguagens que vocês usam ao longo destes encontros e que já incorporavam nas suas lutas. Por que tudo isto? Porque o campo mantém vivas as matrizes, as raízes culturais. Depois de dois séculos de industrialismo e de urbanização, quando a gente quer cantar, canta músicas e letras que surgiram coladas ao modo de produção agrícola. Até a escola urbana canta a cultura do campo: "Eu fui no tororó beber água e não achei, achei bela morena...". Não é assim? Por quê? Porque a industrialização brutal do capitalismo não conseguiu acabar com a cultura rural. A cultura urbana é tensa. Para muitos a experiência urbano-industrial é desumana.

Há uma cultura urbana, mas sobretudo há uma cultura da terra, da produção e do trabalho, do modo de vida rural. É verdade que não podemos romantizar a vida do campo. Sempre foi tensa a relação do homem com a terra; as relações sociais no campo foram e são tensas. Nessa permanente tensão, e não em uma relação bucólica, foram produzidas as matrizes culturais que ainda marcam todos nós. Como educadores, temos que pensar na força que têm as matrizes culturais da terra e incorporá-las a nosso projeto pedagógico. Sobretudo, incorporar as transformações que as lutas no campo provocam nessas matrizes culturais. A cultura é dinâmica. Ao longo da história a luta pela terra acelerou essa dinâmica cultural.

A questão que se coloca para a escola é a seguinte: como vincular o cotidiano da escola, o currículo, a prática escolar com essas matrizes culturais e essa dinâmica do campo? Acredito que os professores, as professoras, deveríamos perguntar-nos que matrizes são estas? Que raízes culturais são estas? Como incorporá-las aos currículos, às práticas? Como se manifestam, por que processos de transformação estão passando? Como defender esses valores contra a cultura hegemônica que tenta marginalizá-los? Ao longo da história, a luta pela terra acelerou essa dinâmica cultural do campo.

A cultura hegemônica trata os valores, as crenças, os saberes do campo de maneira romântica ou de maneira depreciativa, como valores ultrapassados, como saberes tradicionais, pré-científicos, pré-modernos. Daí que o modelo de educação básica queira impor para o campo currículos da escola urbana, saberes e valores urbanos, como se o campo e sua cultura pertencessem a um passado a ser esquecido e superado. Como se os valores, a cultura, o modo de vida, o homem e mulher do campo fossem uma espécie em extinção.

Uma experiência humana sem mais sentido, a ser superada pela experiência urbano-industrial moderna. Daí que as políticas educacionais, os currículos são pensados para a cidade, para a produção industrial urbana, e apenas se lembram do campo quando se lembram de situações "anormais", das minorias, e recomendam adaptar as propostas, a escola, os currículos, os calendários a essas "anormalidades". Não reconhecem a especificidade do campo. É curioso constatar que se pensa na escola e na professora rural apenas para sugerir que sejam adaptados calendários, flexibilizados os conteúdos, ou que sejam levados em conta regionalismos... O suposto é que as propostas, os conteúdos, sejam iguais para todos e devam ter a mesma finalidade: habilitar todas as crianças e jovens do campo ou da cidade para as experiências modernas da produção e do mercado.

Pensar uma proposta de educação básica do campo supõe superar essa visão homogeneizadora e depreciativa e avançar para uma visão positiva. Que papel a escola vai ter para animar, para trabalhar, para defender esses valores culturais que são a riqueza do campo? Para acompanhar sua dinâmica, as transformações por que estão passando? Não estou querendo cair no romantismo cultural nem no saudosismo. Não é isso. É o contrário. É entender que há determinadas matrizes que são próprias do campo. Mais ainda, que são próprias do grande processo civilizatório que passou pelo campo e que está-se perdendo.

Quando situamos a educação como um processo de transformação humana, de emancipação humana, percebemos quanto os valores do campo fazem parte da história da emancipação humana. Então, como a escola vai trabalhá-los? Será que a escola vai ignorá-los? Será suficiente pegar o livro da cidade e apenas adaptá-lo? A questão é mais fundamental, é ir às raízes culturais do campo e trabalhá-las, incorporá-las como uma herança coletiva que mobiliza e inspira lutas pela terra, pelos direitos, por um projeto democrático e que também pede educação. Superar a visão de que a cultura do campo é estática, paralisante, voltada para a manutenção de formas e valores arcaicos. O movimento social do campo mostra como incomoda pelo que traz de avançado, de dinâmico.

6 O Direito ao Saber e à Cultura

Dentro deste mesmo ponto gostaria de colocar outra questão: *como a escola vai trabalhar a memória, explorar a memória coletiva, recuperar o que há de mais identitário na memória coletiva?* Como a escola vai trabalhar a identidade do homem e da mulher do campo? Ela vai reproduzir os estereótipos da cidade sobre a mulher e o homem rurais? aquela visão de jeca, aquela visão que o livro didático e as escolas urbanas reproduzem quando celebram as festas juninas? É esta a visão? Ou a escola vai recuperar uma visão positiva, digna, realista, dar outra imagem do campo?

Estas me parecem algumas das questões de um projeto de educação básica. Vocês vão dizer: "Você não falou nada ainda do conhecimento, dos saberes". Sim, a escola tem que se preocupar com o direito ao saber e ao conhecimento. A escola rural é muito pobre em saberes e conhecimentos. Só ler, escrever, contar, pronto? A escola tem que ser mais rica, tem que incorporar o saber, a cultura, o conhecimento socialmente construído. Mas, cuidado! A pergunta que vamos ter que nos fazer é esta: Que saberes sociais foram construídos historicamente? Alerto a vocês para uma coisa: nem todos os saberes sociais estão no saber escolar, nem tudo que está no currículo urbano é saber social. Logo, não tem que chegar à escola do campo. Cuidado, há muitos saberes escolares nos programas que são inúteis! Totalmente inúteis, alienantes, que não acrescentam nada em termos de democratizar os saberes socialmente construídos. A grande pergunta que vocês vão ter que se colocar é esta: *Que saberes sociais são de direito de todo cidadão no campo ou na cidade?* Mas, saberes sociais.

Quantas vezes acompanho os deveres de casa dos meus filhos e penso: Coitados, a quantidade de besteiras que têm que aprender e enfiar nas suas cabeças. O bom é que nossas crianças têm uma capacidade seletiva. Aprendem para a prova e depois esquecem, porque nas suas cabeças têm que colocar algo mais importante. Que quero dizer para vocês? Por favor, os currículos das escolas básicas do campo não podem reproduzir o conjunto de saberes inúteis que estamos agora retirando da própria escola da cidade. O homem e a mulher do campo e da cidade têm saberes mais sérios a aprender e a dominar. E para isso se coloca uma questão séria: Que currículo? Insisto que não seja apenas um conjunto de saberes utilitários. Só aqueles saberes que sejam básicos para a vida do campo, para sobreviver, nem para se adaptar às novas tecnologias.

Temos uma longa história que sempre defendeu que os saberes que a escola rural deve transmitir devem ser poucos e úteis para mexer com a enxada, ordenhar a vaca, plantar, colher, levar para a feira... Aprender apenas os conhecimentos necessários para sobreviver e até para modernizar um pouco a produção, introduzir novas tecnologias, sementes, adubos, etc. Essa visão utilitarista sempre justificou a escola rural pobre, os conteúdos primaríssimos, a escolinha das primeiras letras.

Um projeto de educação básica do campo tem de incorporar uma visão mais rica do conhecimento e da cultura, uma visão mais digna do campo, o que será possível se situamos a educação, o conhecimento, a ciência, a tecnologia, a cultura como direitos e as crianças e jovens, os homens e mulheres do campo como sujeitos desses direitos.

Partindo dessa visão teremos que responder a questões concretas e incorporar no currículo do campo os saberes que preparam para a produção e o trabalho, os saberes que preparam para a emancipação, para a justiça, os saberes que preparam para a realização plena do ser humano como humano. Mas quais? Quais são esses saberes? Esses saberes têm que estar organicamente vinculados com aquelas matrizes culturais de que falei e com sua dinâmica. Não podemos separar tempo de cultura e tempo de conhecimento. O que estou propondo é que os próprios saberes escolares têm que estar redefinidos, têm que vincular-se às matrizes culturais do campo, aos novos sujeitos culturais que o movimento social recria. É por aí que a gente avança.

7 Estruturas Escolares Inclusivas

Já no final da minha fala, gostaria de colocar outro ponto: *Que estrutura escolar dará conta dessa educação básica do campo?* Esta questão é fundamental. Quero dizer a vocês uma coisa: estudei numa escola rural multisseriada, aliás nem se falava multisseriada, nunca tinha ouvido falar em série. A palavra multisseriada tem um caráter negativo para a visão seriada urbana. Como se a escola urbana seriada fosse boa, o modelo; e a multisseriada fosse ainda algo que vamos destruir, para um dia criar a escola seriada no campo. Por favor, não cometam esse disparate. Não tragam para o campo a estrutura escolar seriada urbana. Estamos no momento de acabar com a estrutura seriada urbana e não teria sentido que, na hora em que vocês pensam numa escola básica do campo, pegassem um modelo que já está todo ele quebrado, caindo aos pedaços, que é o sistema seriado. Vocês sabem que o sistema seriado está acabado no mundo inteiro já faz muito tempo. O Brasil é um dos últimos países a manter essa escola rígida de séries anuais, de bimestres, e nós não podemos transferir esta loucura para o campo. Por favor, não transfiram isto para o campo.

A pergunta que vocês devem colocar-se é esta: Que estrutura dará conta da proposta de educação básica do campo? Diria a vocês que essa estrutura não pode ser rígida. A escola não pode acontecer dentro de quatro paredes, apenas nos tempos e espaços da sala de aula, temos que reinventar tempos e espaços escolares que deem conta dessa proposta de educação rural.

Temos que acabar, sobretudo, com a estrutura seletiva, peneiradora, excludente, que é inerente ao sistema seriado. Vocês sabem por que temos 30 milhões de analfabetos? Por que temos 30% de nossas crianças e adolescentes retidos nas primeiras séries? Por que temos 80% da nossa juventude defasada em termos de idade e série? Será porque o professor não sabe ensinar? Será porque o currículo não presta? Porque o aluno não tem interesse? Isso acontece principalmente porque a escola é peneiradora e seletiva. A escola seriada é uma das instituições mais seletivas e excludentes da sociedade brasileira. Ou nós acabamos com essa concepção seletiva e peneiradora, ou não constituiremos uma escola de direitos. Não constituiremos uma educação básica como direito enquanto nós, professores, não superarmos a cultura da reprovação, da retenção e da seletividade, enquanto não superarmos a escola seriada que está estruturada numa cultura seletiva. Como é difícil superar essa cultura seletiva que está nas avaliações, nas provas para aprovar-reprovar, repetir ano, reter fora da idade!

Os professores democratas, os movimentos sociais que lutam pelos direitos não podem compactuar com essa cultura antidemocrática que nega o direito a um percurso educativo e cultural próprio de sua idade a milhares de crianças e adolescentes repetentes. Escola peneiradora, seletiva e excludente é a própria negação da escola como direito de todos, universal. Sempre falo que os professores, quando fazem as provas bimestrais, deveriam nesse dia, todos juntos, professores e alunos, cantar como hino o seguinte: "tava na peneira, tava peneirando". Esse deveria ser o hino da escola no dia da prova. E como peneiramos! O que se faz com os alunos casca grossa: bota de volta no pilão e soca de novo..., repetência, recuperação. Socar de novo adianta? Não adianta.

Eu tenho falado que nossa escola é algo parecido com uma brincadeira, que me chamou muito a atenção quando cheguei ao Brasil. Primeiro no Mato Grosso, depois nas Minas Gerais, nas festas de São João e de Santo Antônio, vi a brincadeira do pau de sebo. Vocês já tentaram alguma vez subir no pau de sebo para pegar o prêmio que está pendurado lá em cima? Olha que sádico! Penduram um prêmio lá em cima, tiram a casca, ensebam o pau e ainda falam para a criança: Se você tentar, você chega lá. Tenta, tenta e cai. Mas, é tão teimosa a criança que volta de novo para a fila. Repete de novo. Tenta, cai. Vai de novo para a fila. Repete e ainda tem a titia, a mamãe e a irmãzinha que tentam segurar, dar reforço, recuperação, mas cai. Qualquer semelhança é mera coincidência.

Por favor, não levem essa estrutura pedagógica escorregadia para a escola, para a educação básica do campo. Uma das grandes tarefas dos educadores é acabar com as estruturas excludentes que existem dentro da escola. É verdade que o capitalismo no campo exclui da escola. É verdade que exclui também o trabalhador das cidades. Mas, tem muita culpa a própria escola. A escola tem que se rever profundamente para ser democrática nas suas estruturas. Não é suficiente falar que temos de socializar para todos o conhecimento e continuar reprovando mais de um terço. O que temos de fazer com a repetência é acabar com a vergonha da reprovação e do analfabetismo. Vamos erradicar o analfabetismo no campo! Essa planta está nascendo e se alimenta dentro da escola.

Eu me lembro de um colega chileno que um dia me perguntou: "O Brasil é o país mais avançado da América Latina, a economia mais avançada, e vocês são o segundo em analfabetismo na América Latina, 30 milhões, como é possível? Vocês têm fama de ter tendências educativas avançadas. Paulo Freire está aí! O movimento de renovação pedagógica está aí. Florestan Fernandes está aí. Como é possível tantos analfabetos na cidade e no campo?" Respondi: Porque nós temos o sistema educativo mais seletivo da América Latina, que cria analfabetos, ele, o próprio sistema. Quando um adolescente repete três, quatro, cinco vezes, vai ficando convencido de que é burro, porque a escola lhe diz que é burro e o pai se convence e diz: "A cabeça do meu filho não é feita para as letras. Vai trabalhar com a enxada". Não é isso que acontece?

É urgente rever essa cultura e estrutura seletiva e perguntar: Que estrutura escolar dará conta de um projeto de educação básica do campo? A estrutura que tenha a mesma lógica do movimento social, que seja inclusiva, democrática, igualitária, que trate com respeito e dignidade as crianças, jovens e adultos do campo, que não aumente a exclusão dos que já são tão excluídos. Tarefa urgentíssima para a construção da educação básica do campo: *criar estruturas escolares inclusivas*.

Capítulo III

A Escola do Campo em Movimento

Roseli Salete Caldart

Introdução

O objetivo deste texto é dar continuidade à reflexão e ao debate sobre a Educação Básica do Campo e, em especial, sobre as escolas do campo e como se inserem na dinâmica das lutas pela implementação de um projeto popular de desenvolvimento do campo e de país.

Para isto precisamos ter presente e reafirmar três ideias-força que nos acompanham desde a Conferência Nacional, de julho de 1998, e que também têm sido desdobradas em outros textos. As ideias são as seguintes:

1ª) O campo no Brasil está em movimento. Há tensões, lutas sociais, organizações e movimentos de trabalhadores e trabalhadoras da terra que estão mudando o jeito de a sociedade olhar para o campo e seus sujeitos.

2ª) A Educação Básica do Campo está sendo produzida neste movimento, nesta dinâmica social, que é também um movimento sociocultural de humanização das pessoas que dele participam.

3ª) Existe uma nova prática de Escola que está sendo gestada neste movimento. Nossa sensibilidade de educadores já nos permitiu perceber que existe algo diferente e que pode ser uma alternativa em nosso horizonte de trabalhador da educação, de ser humano. Precisamos aprender a potencializar os elementos presentes nas diversas experiências e transformá-los em um *movimento consciente de construção das escolas do campo* como escolas que ajudem neste processo mais amplo de humanização e de reafirmação dos povos do campo como sujeitos de seu próprio destino, de sua própria história.

Estas ideias estão na base da reflexão deste texto, que pretende contribuir especialmente para o desdobramento da terceira ideia, através das seguintes questões: Que escola está sendo produzida pelo movimento social do campo em nosso país? Qual o lugar da escola na dinâmica de organizações e movimentos que participam da luta por um novo projeto de desenvolvimento do campo?

Trata-se de perguntas que certamente exigem um esforço de pesquisa e de reflexão bem mais profundo e abrangente do que será possível fazer neste texto. São na verdade um dos desafios de nossa articulação por uma Educação Básica do Campo. O que vamos fazer aqui é tentar refletir sobre estas questões a partir de uma experiência particular, que é a do Movimento dos Trabalhadores Rurais Sem Terra, o MST, um dos sujeitos sociais que vêm pondo o campo em movimento, através da sua luta incansável para que se realize a Reforma Agrária no Brasil. Embora limitada, pensamos que a experiência da relação que historicamente o MST estabeleceu com a escola pode trazer alguns elementos importantes para este diálogo que continua.

O método de elaboração do texto é o seguinte: primeiro, vamos situar a relação do MST com a escola e socializar algumas de suas reflexões pedagógicas. Depois, a ideia é compartilhar com os leitores e as leitoras algumas lições da experiência educacional do MST. Para facilitar o diálogo, enunciaremos cada lição, já tentando abstraí-la para a discussão mais geral das escolas do campo, mas descrevendo-a com as práticas e reflexões que conhecemos no MST especificamente. Trata-se de uma síntese certamente incompleta e provisória, que a leitura de outras experiências terá que aprofundar e completar.

O MST e a Escola[41]

Memória

Quase ao mesmo tempo em que começaram a lutar pela terra, os sem-terra do MST também começaram a lutar por escolas e, sobretudo, para cultivar em si mesmos o valor do estudo e do próprio direito de lutar pelo seu acesso a ele. No começo não havia muita relação de uma luta com a outra, mas aos poucos a luta pelo direito à escola passou a fazer parte da organização social de massas de luta pela Reforma Agrária, em que se transformou o Movimento dos Sem Terra.

Olhando hoje para a história do MST, é possível afirmar que em sua trajetória o Movimento acabou fazendo uma verdadeira *ocupação da escola*, e isto em pelo menos três sentidos:

1º) As famílias sem-terra *mobilizaram-se* (e mobilizam-se) *pelo direito à escola* e pela possibilidade de uma escola que fizesse diferença ou tivesse realmente sentido em sua vida presente e futura (preocupação com os filhos). As primeiras a se mobilizar, lá no início da década de 80, foram as mães e professoras, depois os pais e algumas lideranças do Movimento; aos poucos as crianças vão tomando também lugar, e algumas vezes à frente, nas ações necessárias para garantir sua própria escola, seja nos assentamentos já conquistados, seja ainda nos acampamentos. Assim nasceu o trabalho com a educação escolar no MST.

2º) O MST, como organização social de massas, decidiu, pressionado pela mobilização das famílias e das professoras, tomar para si ou assumir a tarefa de *organizar e articular por dentro de sua organicidade esta mobilização*, produzir *uma proposta pedagógica específica* para as escolas conquis-

---

[41] Uma descrição e análise mais detalhada da trajetória histórica da relação do MST com a escola pode ser encontrada em CALDART, Roseli Salete. *Pedagogia do Movimento Sem Terra*. Vozes, 2000.

tadas e *formar educadoras e educadores* capazes de trabalhar nesta perspectiva. A criação de um Setor de Educação dentro do MST formaliza o momento em que esta tarefa foi intencionalmente assumida. Isto aconteceu em 1987. E, a partir de sua atuação, o próprio conceito de escola aos poucos vai sendo ampliado, tanto em abrangência como em significados. Começamos lutando pelas escolas de 1ª a 4ª série. Hoje a luta e a reflexão pedagógica do MST se estende da educação infantil à Universidade, passando pelo desafio fundamental de alfabetização dos jovens e adultos de acampamentos e assentamentos, combinando processos de escolarização e de formação da militância e da base social Sem Terra[42].

3º) Podemos afirmar hoje que o MST *incorporou a escola em sua dinâmica*, e isto em dois sentidos combinados: a escola passou a fazer parte do cotidiano e das preocupações das famílias Sem Terra, com maior ou menor intensidade, com significados diversos, dependendo da própria trajetória de cada grupo, mas inegavelmente já consolidada como sua marca cultural: acampamento e assentamento dos sem-terra do MST *têm que ter* escola e, de preferência, que não seja *uma escola qualquer*; e a escola passou a ser vista como uma questão também política, quer dizer, como parte da estratégia de luta pela Reforma Agrária, vinculada às preocupações gerais do Movimento com a formação de seus sujeitos.

No começo os sem-terra acreditavam que organizar-se para lutar por escola era apenas mais uma de suas lutas por direitos sociais; direitos de que estavam sendo excluídos pela sua própria condição de trabalhador *sem (a) terra*. Logo foram percebendo que se tratava de algo mais complexo. Primeiro, porque havia (como há até hoje) muitas outras famílias trabalhadoras do campo e da cidade que também não tinham acesso a este direito. Segundo, e igualmente grave, se deram conta de

---

[42] Sem Terra, com letras maiúsculas e sem hífen indica o nome próprio dos sem-terra do MST, que assim se denominaram quando criaram seu Movimento.

que somente teriam lugar na escola se buscassem transformá-la. Foram descobrindo, aos poucos, que as escolas tradicionais não têm lugar para sujeitos como os sem-terra, assim como não costumam ter lugar para outros sujeitos do campo, porque sua estrutura formal não permite o seu ingresso, ou porque sua pedagogia desrespeita ou desconhece sua realidade, seus saberes, sua forma de aprender e de ensinar. Um exemplo simples pode deixar esta situação bem clara. No Rio Grande do Sul temos aprovada, desde novembro de 1996, a chamada *Escola Itinerante dos Acampamentos*, com um tipo de estrutura e proposta pedagógica criada especialmente para acolher as crianças e os adolescentes do povo Sem Terra em movimento[43]. Temos agora, mas foi preciso uma luta de 17 anos (isto mesmo!) para conseguir o que seria o mais "normal", porque justo, e que até já se tornou um direito constitucional: é a escola que deve ajustar-se, em sua forma e conteúdo, aos sujeitos que dela necessitam; é a escola que deve ir ao encontro dos educandos, e não o contrário.

Foi percebendo esta realidade que o MST começou a incluir em sua agenda a discussão de uma proposta diferente de escola; uma escola pela qual efetivamente vale a pena lutar, porque capaz de ajudar no processo maior de luta das famílias Sem Terra e do conjunto dos trabalhadores e das trabalhadoras do campo.

No início, a pergunta central parecia ser a seguinte: que escola, ou que modelo pedagógico combina com o jeito dos Sem Terra e pode ajudar o MST a atingir seus objetivos? O processo, as práticas e discussões vêm mostrando, no entanto, que esta não é a verdadeira questão. Fomos aos poucos descobrindo que não existe um modelo ou um tipo de escola que seja próprio para um grupo ou ou-

---

[43] Uma descrição desta experiência de escola e de como foi conquistada pode ser encontrada em: Escola Itinerante em Acampamentos do MST. *Coleção Fazendo Escola* 1, São Paulo: MST, 1998.

tro, ou que seja revolucionário em si mesmo. Trata-se de alterar a postura dos educadores e o jeito de ser da escola como um todo; trata-se de cultivar uma disposição e uma sensibilidade pedagógica de *entrar em movimento*, abrir-se ao movimento social e ao movimento da história, porque é isto que permite a uma escola acolher sujeitos como os Sem Terra, crianças como as Sem Terrinha[44]. E ao acolhê-los, eles aos poucos a vão transformando, e ela a eles. Um *mexe com o outro*, num movimento pedagógico que mistura identidades, sonhos, pedagogias... E isto só pode fazer muito bem a todos, inclusive aos educadores e às educadoras que assumem esta postura. E também à escola que, ao se fechar e burocratizar em uma estrutura e em um jeito de ser, costuma levar os educadores a esquecer, ou a ignorar, que seu trabalho é, afinal, com seres humanos que merecem respeito, cuidado, todos eles.

Nesta trajetória de tentar construir uma escola diferente, o que era (e continua sendo) um direito, passou a ser também um dever. Se queremos novas relações de produção no campo, se queremos um país mais justo e com mais dignidade para todos, então também precisamos preocupar-nos em transformar instituições históricas como a escola em lugares que ajudem a formar os sujeitos destas transformações. Foi assim que se começou a dizer no MST que se a *Reforma Agrária é uma luta de todos*, a *luta pela educação de todos também é uma luta do MST*...

---

[44] Sem Terrinha é uma expressão que identifica as crianças vinculadas ao MST. O nome surgiu por iniciativa das crianças que participaram do Primeiro Encontro Estadual das Crianças Sem Terra de São Paulo em 1997. Elas começaram a se chamar assim durante o Encontro e o nome acabou *pegando*, espalhando-se rápido pelo país inteiro. Esta informação está em RAMOS, Márcia. *Sem Terrinha, semente de esperança*. Veranópolis: Escola Josué de Castro, 1999. Monografia de Conclusão do Curso Magistério. No anexo 1 deste nosso texto, uma carta escrita pelos Sem Terrinha do Rio Grande do Sul, explicando a identidade que compreendem assumir com este nome.

Reflexões pedagógicas

No processo de ocupação da escola o MST foi produzindo algumas reflexões que dizem respeito à concepção de escola e ao jeito de fazer educação numa escola inserida na dinâmica de um movimento social. Fez isto em diálogo especialmente com o movimento pedagógico da Educação Popular e aprendendo também com as diversas experiências de escolas alternativas do campo e da cidade. Estas reflexões costumam ser socializadas com os educadores e as educadoras através dos materiais produzidos pelo MST como subsídio ao trabalho nas escolas dos assentamentos e acampamentos.

A seguir, reproduzimos a síntese elaborada para a primeira parte do Caderno de Educação n. 9, *Como fazemos a Escola de Educação Fundamental*, que foi editado pelo MST no final de 1999, e que pode ajudar os leitores e as leitoras a melhor compreender a concepção de escola de que partimos para a elaboração das lições desta caminhada[45].

Dissemos lá:

"O MST tem uma pedagogia. A pedagogia do MST é o jeito através do qual o Movimento vem formando historicamente o sujeito social de nome *Sem Terra*, e que no dia a dia educa as pessoas que dele fazem parte. E o princípio educativo principal desta pedagogia é o próprio *movimento*. Olhar para esta pedagogia, para este movimento pedagógico, ajuda-nos a compreender e a fazer avançar nossas experiências de educação e de escola vinculadas ao MST.

Ser Sem Terra hoje é bem mais do que ser um trabalhador ou uma trabalhadora que não tem terra, ou mesmo que luta por ela; *Sem Terra é uma identidade historicamente construída*, primeiro como afirmação de uma condição so-

---
[45] Trata-se de um Caderno que vem sendo gestado desde 1994, amadurecendo a construção coletiva de educadoras e educadores dos assentamentos e acampamentos do MST, e que enfatiza a reflexão sobre o *jeito de ser da escola*, e como este jeito pode educar ou deseducar, humanizar, ou nem tanto.

cial: *sem-terra* e, aos poucos, não mais como uma circunstância de vida a ser superada, mas sim como uma identidade de cultivo: *somos Sem Terra do MST!*

Isto fica ainda mais explícito no nome *crianças Sem Terra* ou *Sem Terrinha*, que, não distinguindo filhos e filhas de famílias acampadas ou assentadas, projeta não uma condição mas um sujeito social, um nome próprio a ser herdado e honrado. Esta identidade fica mais forte à medida que se materializa em um *modo de vida*, ou seja, que se constitui como *cultura* e que projeta transformações no jeito de ser das pessoas e da sociedade, cultivando valores radicalmente humanistas, que se contrapõem aos valores anti-humanos que sustentam a sociedade capitalista atual.

A relação do MST com a educação é, pois, uma relação de origem: a história do MST é a história de uma grande obra educativa. Se recuperamos a concepção de educação como *formação humana*, é sua prática que encontramos no MST desde que foi criado: a transformação dos "desgarrados da terra" e dos "pobres de tudo" em cidadãos, dispostos a lutar por um lugar digno na história. É também educação o que podemos ver em cada uma das ações que constituem o cotidiano de formação da identidade dos sem-terra do MST.

O Movimento é nossa grande escola, dizem os Sem Terra. E, de fato, diante de uma ocupação de terra, de um acampamento, de um assentamento, de uma marcha, de uma escola conquistada pelo Movimento, é cada vez mais pertinente perguntar: como cada uma destas ações educa as pessoas? Como forma um determinado jeito de *ser humano*? Que aprendizados pessoais e coletivos entram em jogo em cada uma delas?

A herança que o MST deixará para seus descendentes será bem mais do que a terra que conseguir libertar do latifúndio; será *um jeito de ser humano* e de tomar posição diante das questões de seu tempo; serão os *valores* que fortalecem e dão identidade aos lutadores do povo, de todos os tempos, de todos os lugares. É enquanto produto humano de uma obra educativa que os Sem Terra podem ser vistos como mais um elo que se forma em uma longa tradição de lutadores sociais que fazem a história da humanidade. Enraizamento no passado e projeto de futuro.

A educação dos sem-terra do MST começa com o seu *enraizamento* em uma coletividade, que não nega o seu passado mas projeta um futuro que eles mesmos poderão ajudar a construir. Saber que não está mais *solta no mundo* é a primeira condição da pessoa se abrir para esta nova experiência de vida. Não é este o sentimento que diminui o medo numa ocupação, ou faz enfrentar a fome num acampamento? Por isso para nós o coletivo não é um detalhe, é a raiz de nossa pedagogia.

É, pois, do processo de formação dos Sem Terra que podemos extrair as *matrizes pedagógicas básicas* para construir uma escola preocupada com a formação humana e com o movimento da história. Mas é bom ter presente que a pedagogia que forma novos sujeitos sociais e educa seres humanos não cabe numa escola. Ela é muito maior e envolve a vida como um todo. Certos processos educativos que sustentam a identidade Sem Terra jamais poderão ser realizados dentro de uma escola. Mas o MST também vem demonstrando em sua trajetória que a escola pode fazer parte de seu movimento pedagógico e que precisa dela para dar conta de seus desafios como sujeito educativo.

A grande tarefa de educadoras e educadores Sem Terra, que querem ajudar a construir escolas do MST, é se assumirem como sujeitos de uma reflexão permanente sobre as práticas do MST, extraindo delas as lições de pedagogia que permitem fazer (e transformar) em cada escola, e do seu jeito, o movimento pedagógico que está no processo de formação da identidade dos sujeitos Sem Terra, como está também na formação dos sujeitos humanos de modo geral.

Pedagogias em Movimento

Pedagogia quer dizer o jeito de conduzir a formação de um ser humano. E quando falamos em *matrizes pedagógicas* estamos identificando algumas práticas ou vivências fundamentais neste processo de *humanização* das pessoas, que também chamamos de *educação*.

No processo de humanização dos sem-terra e da construção da identidade Sem Terra, o MST vem produzindo um jeito de fazer educação que pode ser chamado de *Pedagogia do Movimento*. É do Movimento por ter o Sem Terra como sujeito educativo e ter o MST como sujeito da intencionalidade pedagógica sobre esta tarefa de fazer educação. E é também do Movimento, porque se desafia a perceber o movimento do Movimento, a transformar-se transformando.

Isto não quer dizer que o MST tenha inventado uma nova pedagogia, mas ao tentar produzir uma educação do jeito do Movimento, os Sem Terra acabaram criando um novo jeito de lidar com as matrizes pedagógicas ou com as *pedagogias* já construídas ao longo da história da humanidade. Em vez de assumir ou se "filiar" a uma delas, o MST tenta pôr todas elas *em movimento* e deixa que a própria situação educativa específica se encarregue de mostrar quais precisam ser mais enfatizadas num momento ou outro.

Vamos aqui tratar brevemente de algumas delas, de modo que possam estimular nossa reflexão sobre como se relacionam com o processo de construção de nossa escola.

a) Pedagogia da luta social

Ela brota do aprendizado de que o que educa os Sem Terra é o próprio *movimento da luta*, em suas contradições, enfrentamentos, conquistas e derrotas. A pedagogia da luta educa para uma postura diante da vida que é fundamental para a identidade de um lutador do povo: *nada é impossível de mudar* e quanto mais *inconformada* com o atual estado de coisas mais humana é a pessoa. O normal, saudável, é estar em movimento, não parado. Os processos de transformação são os que fazem a história.

A luta social educa para a capacidade de pressionar as circunstâncias, para que fiquem diferentes do que são. É a experiência de que quem conquista algo com luta não precisa ficar a vida toda agradecendo favor. Que, em vez de anunciar a desordem provocada pela exclusão como a ordem estabelecida e educar para a domesticação, é possível subverter a desordem e reinventar a ordem a partir de valores verdadeira e radicalmente humanistas, que tenham a vida como um bem muito mais importante do que qualquer propriedade.

Numa escola do MST, além de garantirmos que a experiência de luta dos educandos e de suas famílias seja incluída como conteúdo de estudo, precisamos nos desafiar a pensar em práticas que ajudem a educar ou a fortalecer em nossas crianças, adolescentes e jovens, a postura humana e os valores aprendidos na luta: o inconformismo, a sensibilidade, a indignação diante das injustiças, a contestação social, a criatividade diante das situações difíceis, a esperança...

b) Pedagogia da organização coletiva

Ela brota da raiz que nasce de uma coletividade que descobre um passado comum e se sente artífice do mesmo futuro. O sem-terra é um desenraizado que começa a criar raízes no tempo de acampamento, com a vivência da organização e a percepção da necessidade do movimento. Raízes que o tornam membro de uma grande família, de se sentir irmão ou irmã, de descobrir em si, como sujeito coletivo, a convicção de dizer com orgulho: somos Sem Terra, somos do MST.

No MST esta pedagogia tem também a dimensão de uma *pedagogia da cooperação*, que brota das diferentes formas de cooperação desenvolvidas nos assentamentos e acampamentos, a partir dos princípios e objetivos da nossa luta pela Reforma Agrária e por um novo jeito de fazer o desenvolvimento do campo. É o desafio permanente de quebrar, pelas novas relações de trabalho, pelo jeito de dividir as tarefas e pensar no bem-estar do conjunto das famílias, e não de cada uma por si, a cultura individualista em que estamos mergulhados.

Uma escola que se organiza do jeito do MST educa principalmente através das novas relações sociais que produz e reproduz, problematizando e propondo valores, alterando comportamentos, desconstruindo e construindo concepções, costumes, ideias. Desta maneira ela ajuda a enraizar a identidade Sem Terra e forma um determinado jeito de ser humano. E quando a escola funciona como uma cooperativa de aprendizagem, onde o coletivo assume a corresponsabilidade de educar o coletivo, torna-se um espaço de aprendizagem não apenas de formas de cooperação, mas principalmente de uma visão de mundo, ou de uma cultura, onde o "natural" seja pensar no bem de todos e não apenas de si mesmo.

c) Pedagogia da terra

Ela brota da mistura do ser humano com a terra: ela é mãe e, se somos filhos e filhas da terra, nós também *somos terra*[46]. Por isso precisamos aprender a sabedoria de trabalhar a terra, cuidar da vida: a vida da Terra (Gaia), nossa grande mãe, a nossa vida. A terra é ao mesmo tempo o lugar de morar, de trabalhar, de produzir, de viver, de morrer e cultuar os mortos, especialmente os que a regaram com o seu sangue, para que ela retornasse aos que nela se reconhecem.

O trabalho na terra, que acompanha o dia a dia do processo que faz de uma semente uma planta e da planta um alimento, ensina de um jeito muito próprio que as coisas não nascem prontas, mas, sim, que precisam ser cultivadas; são as mãos do camponês, da camponesa, as que podem lavrar a terra para que chegue a produzir o pão. Este também é um

---

[46] A expressão é de Leonardo Boff, em seu livro *Saber cuidar*. Vozes, 1999.

jeito de compreender que *o mundo está para ser feito* e que a realidade pode ser transformada, desde que se esteja aberto para que ela mesma diga a seus sujeitos como fazer isto, assim como a terra vai mostrando ao lavrador como precisa ser trabalhada para ser produtiva.

Nossa escola pode ajudar a perceber a historicidade do cultivo da terra e da sociedade, o manuseio cuidadoso da terra – natureza – para garantir mais vida, a educação ambiental, o aprendizado da paciência de semear e colher no tempo certo, o exercício da persistência diante dos entraves das intempéries e dos que se julgam senhores do tempo. Mas não fará isso apenas com discurso; terá que se desafiar a envolver os educandos e as educadoras em atividades diretamente ligadas à terra.

d) Pedagogia do trabalho e da produção

Ela brota do valor fundamental do trabalho, que gera a produção do que é necessário para garantir a qualidade de vida social, e identifica o Sem Terra com a classe trabalhadora. As pessoas se humanizam ou se desumanizam, se educam ou se deseducam, através do trabalho e das relações sociais que estabelecem entre si no processo de produção material de sua existência. É talvez a dimensão da vida que mais profundamente marca o jeito de ser de cada pessoa. No MST, os Sem Terra se educam tentando construir um novo sentido para o trabalho do campo, novas relações de produção e de apropriação dos resultados do trabalho, o que já começa no acampamento e continua depois em cada assentamento que vai sendo conquistado.

Pelo trabalho o educando produz conhecimento, cria habilidades e forma sua consciência. Em si mesmo o trabalho tem uma potencialidade pedagógica, e a escola pode torná-lo mais plenamente educativo à medida que ajuda as pessoas a perceber o seu vínculo com as demais dimensões da vida humana: sua cultura, seus valores, suas posições políticas... Por isto a nossa escola precisa vincular-se ao mundo do trabalho e desafiar-se a educar também para o trabalho e pelo trabalho.

e) Pedagogia da cultura

Ela brota do *modo de vida* produzido e cultivado pelo Movimento, do jeito de ser e de viver dos Sem Terra, do jeito de produzir e reproduzir a vida, da mística, dos símbolos, dos gestos, da religiosidade, da arte... É a necessidade da ação, com força e radicalidade distinta, que exige uma permanente reflexão que se encarna em nova ação coletiva, rompendo com a lógica tanto do ativismo quanto de projetos sem ação.

A pedagogia da cultura tem como uma de suas dimensões fortes a *pedagogia do gesto*, que é também *pedagogia do símbolo* e *pedagogia do exemplo*. O ser humano se educa mexendo, manuseando as ferramentas que a humanidade produziu ao longo dos anos. Elas são portadoras da memória objetivada (as coisas falam, têm história). É a cultura material que *simboliza* a vida. O ser humano também se educa com as relações, com o diálogo que é mais do que troca de palavras. Ele aprende com o *exemplo*, aprende a fazer e aprende a ser, olhando como os outros fazem e o jeito como os outros são. E os educandos olham especialmente para as educadoras, são sua referência como modo de vida.

Numa escola do MST é importante resgatar os símbolos, as ferramentas de trabalho e de luta, a mística do Movimento. E fazer do tempo de escola um tempo onde os educandos possam refletir muito sobre as várias dimensões da sua vida, de sua família, e também da grande família chamada Sem Terra. A escola fará isto não apenas através de conversa, mas principalmente através de práticas e de exemplos que permitam aos educandos olhar para si e para os outros. E as educadoras estarão junto com os educandos neste fazer, alimentando a capacidade de analisar as falhas e propor formas de superar os limites.

f) Pedagogia da escolha

Ela brota dos múltiplos gestos e múltiplas escolhas que as educadoras e os educandos, o MST e os seres humanos precisam fazer a cada dia. Somos um ser de escolhas permanentes e delas depende o rumo de nossa vida e do processo histórico em que estamos inseridos. E as escolhas não são apenas individuais nem podem ser apenas de um coletivo. Cada escolha é feita pela pessoa, movida por *valores* que são uma construção coletiva. Ser Sem Terra é uma escolha pessoal, pressionada por uma condição social objetiva e movida por valores que fazem esta pessoa não se conformar com a sua situação de miséria. E estar num movimento como o MST é estar permanentemente sendo chamado a confirmar as escolhas já feitas e a fazer novas escolhas. Um assentado pode escolher não ser mais do MST, por exemplo.

Dizemos que há uma pedagogia da escolha à medida que reconhecemos que as pessoas se educam, se humanizam mais quando exercitam a possibilidade de fazer escolhas e de refletir sobre elas. Ao ter que assumir a responsabilidade pelas próprias decisões, as pessoas aprendem a dominar impulsos, influências, e aprendem também que a coerência entre os valores que a gente defende com palavras e os valores que a gente efetivamente vive é um desafio sempre em construção.

A nossa escola pode ser de uma forma em que todos os seus sujeitos sejam estimulados ao exercício da escolha, nas pequenas e nas grandes coisas, de modo que assim aprendam a cultivar valores e a refletir sobre eles o tempo todo.

g) Pedagogia da história

Ela brota do cultivo da memória e da compreensão do sentido da história e da percepção de ser parte dela, não apenas como resgate de significados, mas como algo a ser cultivado e produzido. A memória coletiva é fundamental para a construção de uma identidade.

Cultivar a memória é mais do que conhecer friamente o próprio passado. Por isso talvez exista no MST uma relação tão próxima entre memória e mística. Através da mística do Movimento, os Sem Terra *celebram* a sua própria memória, de modo a torná-la uma experiência mais do que racional, porque entranhada em todo o seu ser humano. Fazer uma ação simbólica *em memória* de um companheiro que tenha tombado na luta, ou de uma ocupação que tenha dado início ao Movimento em algum lugar, é educar-se para *sentir* o passado como seu e, portanto, como uma referência necessária às escolhas que tiver que fazer em sua vida, em sua luta; é também dar-se conta de que a memória é uma experiência coletiva: ninguém ou nada é lembrado em si mesmo, descolado das relações sociais, interpessoais...

Uma escola que pretenda cultivar a pedagogia da história será aquela que deixe de ver a história apenas como uma disciplina e passe a trabalhá-la como uma dimensão importante de todo o processo educativo. Será sua tarefa o resgate permanente da memória do MST, da luta dos pequenos agricultores e da luta coletiva dos trabalhadores em nosso país e no mundo; também a tarefa de ajudar os Sem Terrinha a perceber nesta memória as suas raízes e a se descobrir como sujeitos da história. Mas, um detalhe importante: não há como desenvolver esta pedagogia sem conhecer e compreender a história e seu movimento.

h) Pedagogia da alternância

Ela brota do desejo de não cortar raízes. É uma das pedagogias produzidas em experiências de escola do campo em que o MST se inspirou[47]. Busca integrar a escola com a família e a comunidade do educando. No nosso caso, ela permite uma troca de conhecimentos e o fortalecimento dos la-

---

[47] Esta pedagogia vem sendo trabalhada há 30 anos no Brasil pelas Escolas-Família Agrícola (EFAs).

ços familiares e do vínculo dos educandos com o assentamento ou acampamento, o MST e a terra.

Podemos pensar a escola atuando em regime de alternância ou de pedagogia da alternância. Para isso podemos olhar e/ou fazer a escola com dois momentos distintos e complementares:

- o **tempo escola,** onde os educandos têm aulas teóricas e práticas, participam de inúmeros aprendizados, se auto-organizam para realizar tarefas que garantam o funcionamento da escola, avaliam o processo e participam do planejamento das atividades, vivenciam e aprofundam valores;
- o **tempo comunidade,** que é o momento onde os educandos realizam atividades de pesquisa da sua realidade, de registro desta experiência, de práticas que permitem a troca de conhecimento nos vários aspectos. Este tempo precisa ser assumido e acompanhado pela comunidade Sem Terra.

A Escola do MST

A Escola do MST é uma Escola *do Campo*, vinculada a um *movimento de luta social* pela Reforma Agrária no Brasil. Ela é uma escola pública, com participação da comunidade na sua gestão e orientada pela Pedagogia do Movimento que, como vimos, é na verdade o movimento de diversas pedagogias.

A Escola do MST é aquela que se faz lugar do movimento destas pedagogias, desenvolvendo atividades pedagógicas que levem em conta o conjunto das dimensões da formação humana. É uma escola que humaniza quem dela faz parte. E só fará isto se tiver o ser humano como centro, como sujeito de direitos, como ser em construção, respeitando as suas temporalidades. A nossa tarefa é formar seres humanos que têm consciência de seus direitos humanos, de sua dignidade. Não podemos tratar os educandos como mercadorias a serem vendidas no mercado de trabalho. Isto é desumanizar a eles e a nós todos.

Para realizar a tarefa educativa de humanização é preciso perceber e levar em conta os ciclos da natureza e, de forma especial, os ciclos da vida humana com os quais estamos convivendo e que pretendemos formar. Os educandos da nossa Escola são crianças, adolescentes e jovens (com sua temporalidade própria), são do campo (com saberes próprios) e são do MST (herdeiros da identidade Sem Terra em formação).

Queremos que os educandos possam ser mais gente e não apenas sabedores de conteúdos ou meros dominadores de competências e habilidades técnicas. Eles precisam aprender a falar, a ler, a calcular, confrontar, dialogar, debater, duvidar, sentir, analisar, relacionar, celebrar, saber articular o pensamento próprio, o sentimento próprio ... e fazer tudo isto sintonizados com o projeto histórico do MST, que é um projeto de sociedade e de humanidade. Por isso é vital em nossa escola que as educadoras cultivem em si e ajudem a cultivar nos educandos a sensibilidade humana, os valores humanos.

É preciso também que a escola aceite sair de si mesma, reconhecendo e valorizando as práticas educativas que acontecem fora dela. Os princípios pedagógicos que sistematizamos no *Caderno de Educação* n.º 8[48] já apontam para isto. Seria bom retomar sua leitura e refletir especialmente sobre os vínculos que dão mais sentido ao que acontece dentro da escola...

Assim está posto neste *Caderno de Educação* do MST. Assim o reafirmamos para o diálogo com as questões da Educação Básica do Campo.

Lições da Caminhada

Dos 16 anos completados pelo MST neste ano de 2000, de experiências e de reflexões de um processo educativo que inclui a escola como uma de suas ocupações e preocupações

---

[48] Caderno de Educação n. 8: *Princípios da educação no MST*, 1ª edição em julho de 1996.

políticas e pedagógicas, podemos extrair algumas lições que, segundo nos parece, contribuem para o diálogo sobre as escolas e a educação básica do campo. São elas:

1 **A escola não move o campo, mas o campo não se move sem a escola.**

É o que discutimos bastante na Conferência Nacional de 98: não podemos cair na falácia de que o debate sobre a educação básica do campo substitui, ou é mais importante do que o debate sobre Reforma Agrária, sobre política agrária e agrícola, sobre relações de produção no campo... Não há escolas do campo num campo sem perspectivas, com o povo sem horizontes e buscando sair dele. Por outro lado, também não há como implementar um projeto popular de desenvolvimento do campo sem um projeto de educação e sem expandir radicalmente a escolarização para todos os povos do campo. E a escola pode ser um agente muito importante de formação da consciência das pessoas para a própria necessidade de sua mobilização e organização para lutar por um projeto deste tipo.

É também o que nosso mestre da educação popular, Paulo Freire, nos disse em suas reflexões sobre a *pedagogia do oprimido*: a escola não transforma a realidade, mas pode ajudar a formar os sujeitos capazes de fazer a transformação, da sociedade, do mundo, de si mesmos... Se não conseguirmos envolver a escola no movimento de transformação do campo, ele certamente será incompleto, porque indicará que muitas pessoas ficaram fora dele.

No MST o aprendizado mais difícil e demorado, e ainda em processo, refere-se mais à segunda parte da afirmação do que à primeira. Para um sem-terra que está vivendo em um barraco de lona, passando fome e tendo a vida ameaçada pela repressão, não é difícil perceber que uma escola, por melhor que sejam os propósitos de seus educadores, jamais será capaz de libertá-lo da opressão do latifúndio. Além disso, quando os primeiros sem-terra conversavam entre si sobre como decidiram entrar na luta, era muito raro encontrar alguém que mencionasse a escola como tendo alguma participação nos aprendizados que levaram a esta decisão. Ao contrário, a maioria tem uma péssima recordação da escola, até mesmo por ter sido excluído ou expulso dela.

Talvez tenha sido por isso que, no começo do MST, muitos sem-terra resistiram à ideia de lutar por escolas. Foram convencidos pela pressão da presença de tantas crianças que estavam ameaçadas de ficar sem o acesso à escola e isto parecia, afinal, mais um desrespeito a elas, que já se chamavam de Sem Terra e começavam a se enxergar como sujeitos de direitos. Não foi exatamente pela consciência disseminada de que o estudo e a escola eram importantes para o avanço da luta que os sem-terra começaram a se mobilizar para conquistá-los. Este foi um desdobramento da pedagogia de sua história.

O processo da luta pela terra foi mostrando aos poucos que uma coisa tem a ver com a outra. Especialmente quando começaram a se multiplicar os desafios dos assentamentos ficou mais fácil perceber que a escola poderia ajudar nisso, desde que ela fosse diferente daquela de triste lembrança para muitas famílias. Hoje já parece mais claro que *uma escola não move um assentamento, mas um assentamento também não se move sem a escola*, porque ele somente se move, no sentido de que vai sendo construído como um lugar de novas relações sociais, de uma vida mais digna, se todas as suas partes ou dimensões se moverem junto. Se a escola, à medida que se ocupa de grande parte do tempo de vida, especialmente da infância Sem Terra, não se move junto, há de fato um freio no processo mais amplo. Sem ela não se constrói uma das bases culturais decisivas às mudanças sociais pretendidas pelo MST.

2 Quem faz a escola do campo são os povos do campo, organizados e em movimento.

Se a escola do campo é *aquela que trabalha desde os interesses, a política, a cultura e a economia dos diversos gru-*

pos de trabalhadores e trabalhadoras do campo (Texto base CN, *Coleção Por Uma EBC* n. 1), ela somente será construída deste jeito se os povos do campo[49], em sua identidade e diversidade, assumirem este desafio. Não sozinhos, mas também não sem sua própria luta e organização.

No MST este tem sido um aprendizado muito importante. Da mesma forma que a luta pela terra precisa ser feita e conduzida pelos próprios sem-terra, o processo de construção de uma escola que se misture com esta luta precisa ser obra dos mesmos sujeitos. Nos assentamentos e acampamentos esta é uma realidade facilmente constatável: enquanto as famílias Sem Terra não agarram a escola como um assunto que lhes diz respeito tanto quanto as definições sobre a produção ou a continuidade da luta pela Reforma Agrária, não se vê uma escola do jeito do Movimento, mesmo que ali estejam educadores com propósitos pedagógicos libertadores. O grande desafio pedagógico é exatamente pressionar para que a escola seja assumida pelos sujeitos que a conquistaram. Em alguns lugares isto inclui os educadores, as educadoras.

Mas é também um aprendizado da caminhada do MST: os Sem Terra não fazem sozinhos a sua escola. Assim como não fazem avançar sozinhos a luta pela Reforma Agrária. A leitura pedagógica das práticas sociais do MST, ou a constituição do Movimento como sujeito pedagógico somente é possível no diálogo com outros sujeitos da práxis educativa. A própria compreensão de que as escolas do MST são escolas do campo, é fruto da abertura dos Sem Terra à sociedade. Estamos nos referindo aqui a uma identidade que se produz *em perspectiva*, ou seja, na relação com outros sujeitos sociais e com o movimento da história. O isolamento político, cultural, pedagógico, não constrói o projeto maior de que aqui se trata.

---

[49] *Povos do Campo* é o nome afirmado pela Conferência Nacional de 1998 para dar conta das diferenças históricas e culturais dos grupos sociais que vivem *no* e *do* campo.

Neste sentido, é a sociedade como um todo que tem o dever de construir tanto escolas do campo como escolas da cidade[50], quer dizer, escolas inseridas na dinâmica da vida social de quem dela faz parte e ocupadas pelos sujeitos ativos deste movimento.

Uma escola do campo não é, afinal, um tipo diferente de escola, mas sim é a escola reconhecendo e ajudando a fortalecer os povos do campo como sujeitos sociais, que também podem ajudar no processo de humanização do conjunto da sociedade, com suas lutas, sua história, seu trabalho, seus saberes, sua cultura, seu jeito. Também pelos desafios da sua relação com o conjunto da sociedade. Se é assim, ajudar a construir escolas do campo é, fundamentalmente, ajudar a constituir os povos do campo como sujeitos organizados e em movimento. Porque *não há escolas do campo sem a formação dos sujeitos sociais do campo*, que assumem e lutam por esta identidade e por um projeto de futuro.

Somente as escolas construídas política e pedagogicamente pelos sujeitos do campo, conseguem ter o *jeito do campo* e incorporar neste jeito as formas de organização e de trabalho dos povos do campo.

3 **As lutas sociais dos povos do campo estão produzindo a cultura do direito à escola no campo.**

Um dos entraves ao avanço da luta popular pela educação básica do campo é cultural. As populações do campo incorporam em si uma visão que é um verdadeiro círculo vicioso: sair do campo para continuar a ter escola, e ter escola para poder sair do campo. Ou seja, uma situação social de

---

[50] Por que não uma reflexão específica sobre as *escolas da cidade*? A visão exclusivamente urbana da escola talvez esteja trazendo um prejuízo pedagógico para a própria escola da cidade, que não vem tendo potencializada a identidade específica de seus sujeitos. O que significa, em uma perspectiva popular, fazer uma escola inserida na dinâmica social de uma cidade? Este seria o sentido da chamada *escola cidadã*?

exclusão, que é um dos desdobramentos perversos da opção de (sub)desenvolvimento do país, feita pelas elites brasileiras, acaba se tornando uma espécie de bloqueio cultural que impede o seu enfrentamento efetivo por quem de direito. As pessoas passam a acreditar que para ficar no campo não precisam mesmo de "muitas letras".

Romper com este e outros bloqueios culturais de mesma natureza tem sido um grande desafio nas lutas pela implementação de um projeto popular de desenvolvimento do campo e de país, bem como precisa ser deste nosso movimento por uma educação básica do campo. E esta é uma realidade que somente será transformada no processo mesmo de construção de novas relações sociais de produção e da cultura material que lhes corresponde.

São os desafios do campo em movimento que multiplicam as lutas sociais por educação. Por sua vez são estas lutas que vão ajudando a tornar consciente este direito e vão transformando aos poucos este direito também em dever (dever de lutar pelo direito), que então se consolida em modo de vida, visão de mundo: escolas *no* e *do* campo não precisam ser algo inusitado, mas sim podem passar a ser um componente *natural* da vida no campo. A escola deve ser vista como uma das dimensões do processo de formação das pessoas, e não como algo especialíssimo, para cuja obtenção tudo o mais deva ser abandonado. Sair do campo para estudar, ou estudar para sair do campo não é uma realidade inevitável, assim como não são imutáveis as características, marcadamente alheias à cultura do campo, das poucas escolas que o povo tem conseguido manter nele.

Esta é sem dúvida uma das grandes lições da caminhada dos Sem Terra. No começo, o bloqueio ou a resistência cultural de que estamos falando estava em muitas famílias. Talvez mesmo na maioria delas. Estava naquelas que pensavam que a luta por escola era secundária, porque de pouca utilidade para os desafios do acampamento ou do assentamento. Mas estava também nas famílias que lideraram a luta por escola, enxergando nela não um valor para sua condição atual de lutador e de trabalhador do campo, mas uma alternativa para os filhos saírem do campo, não tendo que cumprir a mesma sina de miséria e de sofrimento de seus pais.

Hoje, cada nova escola que se conquista num assentamento ou, antes mesmo, num acampamento, cada jovem e adulto sem-terra que se alfabetiza, cada curso de formação que se cria para formar os trabalhadores e as trabalhadoras da terra e do Movimento ajudam a constituir a identidade do sujeito Sem Terra. Podem não conseguir alterar significativamente as estatísticas da educação no campo (a cada escola que se abre no campo, mais de uma se fecha no processo de exclusão social galopante), mas certamente são um sinal importante deste processo cultural de humanização que passa a incluir a escola como uma das dimensões da vida social das comunidades do campo.

4 Sem estudo não vamos a lugar nenhum.

Escrita numa grande faixa, que recebeu os Sem Terra participantes do encontro nacional do MST de 1987, em Piracicaba, São Paulo, numa época em que apenas começava a germinar o trabalho de educação no Movimento, esta frase antecipa o que logo depois seria colocado como um dos seus princípios organizativos: *estimular e dedicar-se aos estudos de todos os aspectos que dizem respeito às nossas atividades no Movimento. Quem não sabe é como quem não vê. E quem não sabe não pode dirigir.* (Documento do MST de 1989.)

Este princípio, por sua vez, antecipa outra grande lição da caminhada dos Sem Terra: não há como avançar em uma luta social complexa como é no Brasil a luta pela Reforma Agrária, sem que seus sujeitos diretos se dediquem à própria formação, sem que se disponham a aprender e a conhecer em profundidade e com rigor a realidade do país que gera os sem-terra e faz da questão agrária uma das questões estruturalmente responsáveis pelos índices alarmantes de desigualdade social no país.

O estudo, entendido basicamente como este processo de interpretação da realidade para poder transformá-la, é um componente importante na constituição e no fortalecimento dos sujeitos sociais, sejam eles do campo ou da cidade. Neste sentido, o acesso a lugares onde se possa desenvolver a cultura do estudo é um direito que o movimento da luta transforma também em dever: Sem Terra que honre este nome tem o dever de estudar, dizem os princípios do MST.

A escola atual nem sempre se constitui como um lugar de estudo e também não é necessário estar em uma escola para estudar. Mas a escola pode ser um lugar em que se cultive o hábito, a disciplina e o jeito de estudar, especialmente nas novas gerações. Mas somente fará isto se houver uma intencionalidade dos sujeitos que a ocupam em fazê-la desta forma.

É possível extrair daí, então, outra lição: quando o movimento da luta for capaz de combinar a cultura do direito à escola com a cultura do dever de estudar, e estudar neste sentido mais amplo de que aqui se trata, os sujeitos que vão sendo formados neste Movimento passam a discutir algo mais do que ter ou não ter escola; passam a discutir também sobre que escola querem ou precisam. Os Sem Terra costumam dizer isto do seu jeito: *queremos que nossos filhos aprendam na escola algumas coisas que nós tivemos que aprender fora dela, e muito mais tarde. Uma dessas coisas é sobre quais são os nossos direitos e que precisamos nos organizar e lutar por eles.* É verdade que os Sem Terrinha de hoje podem aprender lições de organização e de luta nas próprias vivências cotidianas junto com suas famílias no Movimento; mas também é verdade que a escola pode ajudar a refletir sobre estas vivências, tornando-as um aprendizado consciente, e acrescendo a elas outras experiências e também saberes importantes produzidos na história da humanidade.

5   **Quanto mais amplos são os objetivos de uma organização maior é a valorização da escola pelos seus sujeitos.**

Esta é uma lição que podemos apreender da trajetória do MST e do lugar que a luta por escola vem ocupando em cada um dos momentos de sua história.

Desde a sua criação em 1984, o MST definiu como objetivos a luta pela terra, pela Reforma Agrária e por transformações na sociedade. Mas foi o processo da luta pela terra, a luta corporativa que organiza os sem-terra para participar do MST, que aos poucos conseguiu transformar estes objetivos em bandeiras de luta concretas para o conjunto das famílias que integram o Movimento. A realidade brasileira, combinada com a intencionalidade pedagógica do MST, vem formando os Sem Terra com uma postura menos corporativista e com um horizonte de luta social cada vez mais amplo. Primeiro, porque a sociedade passou a enxergar a luta pela Reforma Agrária como sendo de interesse do conjunto da nação e não apenas dos sem-terra; segundo, porque a intensidade e violência dos obstáculos para o avanço desta luta facilita a compreensão de que ela é mais complexa do que pareceu num primeiro momento, exigindo uma análise e uma atuação mais global dos seus sujeitos.

Isto passa a exigir um outro olhar do Movimento sobre si mesmo e sobre as pessoas que precisa preparar para enfrentar os novos desafios: seja o desafio de qualificar a luta pela terra em uma conjuntura de maior repressão, ou de viabilizar a produção num assentamento, lutando contra a tendência de marginalização da agricultura, seja o desafio de mobilizar-se contra políticas econômicas recessivas e entreguistas dos governos.

Se para um sem-terra do final da década de 70 parecia difícil compreender que ajuda a escola poderia dar ao seu objetivo de conquistar um pedaço de chão, para os Sem Terra que estão entrando nos anos 2000, a importância da escola já parece quase uma obviedade, ainda que não massivamente disseminada em toda a base social do MST.

Mas ao mesmo tempo que passam a valorizar mais a escola e a lutar com mais consciência pelo direito a ela, os Sem Terra se distanciam daquela outra visão, igualmente ingênua, de que a escola é ou pode ser o centro do processo educativo demandado pelos desafios desta realidade complexa. Quanto mais largo o horizonte para o qual olhamos, mais conseguimos enxergar a dimensão e o tempo da luta que nos aguarda. Desta forma, quando nos damos conta de que estamos trabalhando no meio de uma história sem saber o fim, fica mais fácil perceber a importância de uma formação que considere a pessoa como um todo, e ao longo de uma vida inteira. Valorizar a escola como uma dimensão importante desta formação mais demorada é uma decorrência mais ou menos natural deste processo, pelo menos numa sociedade que incorporou com tanta força a escola em sua cultura, em seu modo de vida.

No MST esta é uma realidade que se percebe também na diversidade do nível de consciência que existe entre os membros da grande família Sem Terra. De modo geral, quanto mais conscientes do tamanho da luta que têm pela frente e menos presos ao objetivo imediato de resolver o seu problema individual de não ter terra, mais os Sem Terra valorizam e se dispõem a ocupar e a ocupar-se da escola, seja a de seus filhos, seja a sua própria.

6 A escola ajuda a formar lutadores do povo quando trabalha com dois elementos básicos: raiz e projeto.

Lutadores do povo são pessoas que estão em permanente movimento pela transformação *do atual estado de coisas*. São movidos pelo sentimento de dignidade, de indignação contra as injustiças e de solidariedade com as causas do povo. Não estão preocupados apenas em resolver os seus problemas, em conquistar os seus direitos, mas sim em ajudar a construir uma sociedade mais justa, mais humana, onde os direitos de todos sejam respeitados e onde se cultive o princípio de que *nada é impossível de mudar*. Por isso se engajam em lutas sociais coletivas e se tornam sujeitos da história. Nossa sociedade está carente de lutadores do povo. Ajudar a formá-los também é um desafio das escolas do campo.

Lutadores do povo se formam nas lutas sociais que têm raiz e projeto e que enraízam as pessoas, devolvendo-lhes perspectivas de futuro. A história do MST já nos permite dizer que a luta social dos Sem Terra pode ser compreendida também como um processo pedagógico de enraizamento humano.

O enraizamento, ensina Simone Weil[51], é uma das necessidades do ser humano. E ter raiz, diz ela, é participar real e ativamente de uma coletividade que conserva vivos certos *tesouros do passado* e certos *pressentimentos do futuro*. Enraizado é o sujeito que tem laços que permitem olhar tanto para trás como para frente. Ter projeto, por sua vez, é ir transformando estes pressentimentos de futuro em um horizonte pelo qual se trabalha e se luta. Não há, pois, como ter projeto sem ter raízes, porque são as raízes que nos permitem enxergar o horizonte.

O *enraizamento projetivo* é, pois, um dos processos fundamentais de formação dos lutadores do povo, assim como talvez o seja de qualquer ser humano. A escola não é capaz de enraizar as pessoas porque não tem em si mesma a força pedagógica material necessária para isso. Mas a escola, dependendo das opções pedagógicas que faça, pode ajudar a enraizar ou a desenraizar; pode ajudar a cultivar utopias ou um presenteísmo de morte.

---

[51] Em texto intitulado O *desenraizamento*, escrito em 1943, e que pode ser encontrado em BOSI, Ecléa. *A condição operária e outros estudos sobre a opressão*. Rio de Janeiro: Paz e Terra, 1996.

Toda vez que uma escola desconhece e ou desrespeita a história de seus educandos, toda vez que se desvincula da realidade dos que deveriam ser seus sujeitos, não os reconhecendo como tais, ela escolhe ajudar a desenraizar e a fixar seus educandos num presente sem laços. E se isto acontecer com um grupo social desenraizado ou com raízes muito frágeis, isto quer dizer que estas pessoas estarão perdendo mais uma de suas chances (e quem garante que não a última?) de serem despertadas para a própria necessidade de voltar a ter raiz, a ter projeto. Do ponto de vista do ser humano isto é muito grave, é violentamente desumanizador.

Algumas práticas de educação no MST nos apontam pelo menos três tarefas importantes que a escola pode assumir na perspectiva de cultivar e fortalecer os processos de enraizamento humano:

- *Memória*: a escola é um lugar muito próprio para recuperar e trabalhar os *tesouros do passado*. Celebrar, construir e transmitir, especialmente às novas gerações, a memória coletiva, ao mesmo tempo que buscar conhecer mais profundamente a história da humanidade. É isto que antes chamamos de *pedagogia da história*.
- *Mística*: ela é a alma dos lutadores do povo; o sentimento materializado em símbolos que ajudam as pessoas a manter a utopia coletiva. No MST a mística é uma das dimensões básicas do processo educativo dos Sem Terra. A escola pode ajudar a cultivar a mística, os símbolos e o sentimento de fazer parte desta luta. Não fará isso se não conseguir compreender o desafio pedagógico que tem, diante da afirmação de uma criança de acampamento ou assentamento que diz: sou Sem Terrinha, sou filha da luta pela terra e do MST!
- *Valores*: raiz e projeto se constituem de valores; e são os valores que movem uma coletividade; a escola pode criar um ambiente educativo que recupere, forme e fortaleça os

valores humanos, aqueles que permitem cada pessoa crescer em dignidade e humanidade. E que problematize, combata e destrua os valores anti-humanos que degradam o ser humano e impedem a constituição de coletividades verdadeiras e fortes. Mas a escola não fará isto apenas com palavras e, sim, com ações, com vivências, com relações humanas, temperadas por um processo permanente de reflexão sobre a prática do coletivo, de cada pessoa.

7 **A escola do campo precisa ser ocupada pela Pedagogia do Movimento que forma os sujeitos sociais do campo.**

Esta nos parece uma das grandes lições pedagógicas do encontro do MST com a escola: *para fazer uma escola do campo é preciso olhar para as ações ou práticas sociais que são constitutivas dos sujeitos do campo*. É preciso olhar para o movimento social do campo como um sujeito educativo e aprender dos processos de formação humana, que estão produzindo os novos trabalhadores e lutadores dos povos do campo, lições que nos ajudem a pensar um outro tipo de escola para eles, com eles.

No MST a reflexão é a seguinte: O Movimento educa as pessoas que dele fazem parte à medida que as coloca como sujeitos enraizados no movimento da história e vivendo experiências de formação humana que são próprias do jeito da organização participar da luta de classes, principal forma em que se apresenta o movimento da história. Mesmo que cada pessoa não saiba disso, cada vez que ela toma parte das ações do MST, fazendo sua tarefa específica, pequena ou grande, ela está ajudando a construir a identidade Sem Terra, a identidade dos lutadores do povo; está se transformando e se reeducando como ser humano.

Sem considerar as pedagogias ou o movimento pedagógico, que formam o sujeito de nome Sem Terra, e sem buscar vincular-se de alguma maneira a ele, a escola não consegue enraizar-se e nem ajuda a enraizar os Sem Terra. Além disso, seu projeto pedagógico fica mais pobre, contribuindo menos do que poderia na formação humana.

Este processo tem mão dupla: o movimento social precisa se ocupar da escola e a escola precisa se ocupar do movimento social.

A escola é, de modo geral, uma instituição conservadora e resistente à ideia de movimento e a um vínculo direto com as lutas sociais. O serviço que historicamente tem prestado à manutenção de relações sociais de dominação e exclusão costuma estar encoberto por uma aparência de autonomia e de neutralidade política. Quando defendemos um vínculo explícito da escola com processos pedagógicos de formação de sujeitos que têm propósitos de transformação social, é necessário ter clareza de que sozinha a escola não provocará isto. Ao contrário, é o movimento social que precisa ocupar e ocupar-se da escola, construindo, junto com os educadores que ali estão, o seu novo projeto educativo.

Da mesma forma, os educadores e as educadoras comprometidos(as) com ideais pedagógicos humanizadores e libertários, precisam dispor-se a ajudar os sujeitos do movimento social a fazer a leitura pedagógica de suas próprias ações a fim de que isto se transforme em matéria-prima para a constituição do ambiente educativo da escola. Não basta dizer ou saber que o movimento educa; é preciso compreender como isto acontece e como pode ser traduzido na cultura escolar. Assim como é necessário que os sujeitos destas ações educativas reflitam sobre elas e as transformem em aprendizados conscientes e articulados entre si, e que já possam ficar como herança para seus descendentes. Ajudar a fazer isto é tarefa dos trabalhadores e das trabalhadoras da educação, que já foram *mexidos* ou *tocados* pelo Movimento.

Para que este processo se realize, é preciso que o movimento social reconheça a escola, e a escola reconheça a si mesma como um lugar de formação humana. Ou seja, nesta reflexão toda não há lugar para uma visão de escola que se restrinja a aulas aprisionadas nas ditas "grades" curriculares. Até porque, numa escola assim, nunca conseguiremos desenvolver o próprio conceito de estudo projetado pelo movimento social de que falamos numa lição anterior. Escola é lugar de estudo, porque é lugar de formação humana, e não o contrário. Se isto está claro, passamos a ter outras referências para planejar nossas aulas, orientar pesquisas, produzir conhecimento.

Olhar a escola como um lugar de formação humana significa dar-se conta de que todos os detalhes que compõem o seu dia a dia, estão vinculados a um projeto de ser humano, estão ajudando a humanizar ou a desumanizar as pessoas. Quando os educadores se assumem como trabalhadores do humano, formadores de sujeitos, muito mais do que apenas professores de conteúdos de alguma disciplina, compreendem a importância de discutir sobre suas opções pedagógicas e sobre que tipo de ser humano estão ajudando a produzir e a cultivar. Da mesma forma, as famílias passam a compreender por que não podem deixar de participar da escola e de tomar decisões sobre seu funcionamento.

Trata-se de enxergar a educação, afinal, como uma relação entre sujeitos. A escola reconhece seus educandos e suas famílias como sujeitos. O movimento social e seus sujeitos também reconhecem os educadores como sujeitos. E todos se veem como sujeitos de um movimento maior, que é o movimento da história, exatamente o que pressiona cada um a assumir esta condição de sujeito. Nesta concepção está também a ideia de que são os seres humanos, as pessoas que fazem as transformações sociais, ainda que sempre condicionadas pelo formato material das relações sociais em que se inserem e que elas não determinam pessoalmente.

Queremos, e estamos aprendendo que é possível, que a escola do campo se vincule a este movimento pedagógico que não começa nem termina nela mesma e que, como disse o professor Miguel Arroyo em seu texto (*Capítulo 2*), *tenha como suas questões as grandes questões humanas do homem* (ser humano) *do campo*: *terra, luta, justiça, participação, cooperação, saúde*... Se é assim, a escola passa a ter um sentido político, cultural, pedagógico bem mais amplo do que pode ter de ficar isolada em si mesma. E então vale ainda mais a pena lutar por ela.

8 **As relações sociais são a base do ambiente educativo de uma escola. São elas que põem em movimento as pedagogias.**

Se a escola é lugar de formação humana, significa que ela não é apenas lugar de conhecimentos formais e de natureza intelectual. A escola é lugar de tratar das diversas dimensões do ser humano de modo processual e combinado. Mas como a escola pode fazer isto? Como se forma um ser humano?

Temos que trazer de novo aqui as lições de pedagogia do Movimento. Se prestamos atenção aos processos sociais que formam os sujeitos sociais, as pessoas, percebemos que é a vivência cotidiana de *novas relações sociais e interpessoais* que consegue começar a mudar a cabeça e o coração das pessoas, recuperando certos valores, certas posturas e virtudes que já tinham perdido ou nem conheciam. É neste sentido que no MST se diz, por exemplo, que o acampamento é uma grande escola de vida. E o peso formador destas relações será tanto maior se delas depender a própria sobrevivência das pessoas. Isto quer dizer tanto as relações entre companheiros, diante de uma ação mais forte da luta, como as relações que se constroem no trabalho, ou no jeito de fazer a produção do campo dar certo.

As relações que as pessoas estabelecem entre si, mediadas pelas condições materiais do processo de produção de sua existência social, são as que efetivamente pesam na formação das pessoas – *é o ser social que forma a consciência*, nos disse Marx – e aquelas que permitem trabalhar suas diversas dimensões ao mesmo tempo. As relações sociais constituem os sujeitos que produzem conhecimentos, mas também sentimentos, valores, comportamentos, habilidades, ações cotidianas e ações extraordinárias...

No MST estamos chamando de *ambiente educativo* o processo intencional de organização e reorganização das relações sociais que constituem o jeito de ser, de funcionar da escola, de modo que este jeito possa ser mais educativo, mais humanizador de seus sujeitos[52]. O ambiente educativo nasce desta leitura do movimento pedagógico que acontece fora da escola, nas práticas sociais, nas lutas sociais, e que precisa ser retrabalhado dentro da escola, de modo que produza e não apenas reproduza aprendizados necessários à formação dos sujeitos que ali estão. Existe um movimento pedagógico, que é próprio da escola, mas que não se constitui senão vinculado ao movimento pedagógico das relações sociais que acontecem fora dela.

Ter a sensibilidade necessária para compreender este movimento e o preparo pedagógico suficiente para retrabalhar, resignificar isto no dia a dia da escola, é uma tarefa grandiosa e necessária para educadores e educadoras comprometidos política e pedagogicamente com este projeto de ser humano, de campo, de país, de mundo.

Construir o ambiente educativo de uma escola é conseguir combinar num mesmo movimento pedagógico as diversas práticas sociais que já sabemos ser educativas, exatamente porque cultivam a vida como um todo: a luta, o trabalho, a organização coletiva, o estudo, as atividades culturais, o cultivo da terra, da memória, dos afetos... Numa escola este movimento se traduz em tempos, espaços, formas de gestão e de funcionamento, métodos de ensino e opções de conteúdos

---

[52] No *Caderno de Educação* n. 9 do MST, já referido, há um capítulo específico sobre o *ambiente educativo* da escola.

de estudo, processos de avaliação, jeito da relação entre educandos e educadores...

Trata-se de um jeito de pensar e de fazer a escola que se produz da lição de que não se pode centrar um projeto educativo em uma só pedagogia ou em um só tipo de prática pedagógica, por mais educativa que ela seja. Não há uma prática capaz de concentrar em si mesma, e de uma vez para sempre, todas as potencialidades educativas necessárias à formação humana multidimensional, *omnilateral*, na expressão de Marx. É o movimento das práticas e da reflexão sobre elas que constitui o movimento pedagógico que educa os sujeitos. E o desafio de educadores e educadoras é exatamente garantir a coerência deste movimento de práticas em torno de valores e de princípios que sustentem um determinado projeto de ser humano, de sociedade.

9 **Sem um coletivo de educadores não se garante o ambiente educativo.**

Nenhum educador tem o direito de atuar individualmente, por sua conta e sob sua responsabilidade. Esta é uma lição expressa pelo grande educador e lutador do povo russo, Anton Makarenko, e com a qual compartilhamos. Exatamente porque ninguém consegue ser um verdadeiro educador sozinho. O processo pedagógico é um processo coletivo e por isto precisa ser conduzido de modo coletivo, enraizando-se e ajudando a enraizar as pessoas em coletividades fortes.

Educadores e educandos, educadoras e educandas constituem a coletividade da escola, e é esta coletividade a responsável pela construção (permanente) do ambiente educativo. Mas nossa prática nos ensina que da mesma maneira que precisamos garantir espaços próprios dos educandos, para que desenvolvam mais rapidamente sua capacidade organizativa e seu pensamento autônomo, também é necessário garantir uma organização própria dos educadores, em alguns lugares chamada de coletivo pedagógico da escola, responsável pela direção do processo pedagógico como um todo.

Na realidade do campo há muitas escolas de um só professor ou de uma só professora. Esta é, por exemplo, a situação de muitos assentamentos do MST. Mas também já aprendemos que coletivo de educadores não é coletivo apenas de professores. Numa escola há outras pessoas que têm ou podem ter esta tarefa. Na experiência do MST, consideramos como educadores: as professoras e os professores da rede pública, assentados ou não, acampados ou não, que atuam na escola; os outros funcionários e funcionárias que trabalham na escola; as pessoas voluntárias da comunidade que atuam em algum tipo de atividade pedagógica ligada à escola (monitores de oficinas ou do tempo-trabalho, por exemplo); técnicos e técnicas que atuam no assentamento e que também são chamados a contribuir no acompanhamento dos processos produtivos desenvolvidos pela escola... Há também a chamada equipe de educação do assentamento ou do acampamento, geralmente constituída por representantes das famílias Sem Terra que, embora não seja responsável apenas pelas atividades da escola, pode representar um apoio político e pedagógico importante para o grupo interno, ou mesmo participar efetivamente dele quando for muito pequeno.

A tarefa principal do coletivo de educadores é exatamente garantir o ambiente educativo da escola, envolvendo educandos e também a comunidade em sua construção. Para isto precisa ter tempo, organização e formação pedagógica para fazer a leitura do processo pedagógico da escola (relacionado, como vimos, ao processo pedagógico que acontece fora dela), assumindo o papel de sujeito do ambiente educativo, criando e recriando as estratégias de formação humana e as relações sociais que o constituem. Isto quer dizer avaliar o andamento do conjunto das atividades da escola, acompanhar o processo de aprendizagem/formação de cada educando, autoavaliar sua atuação como educadores, planejar os próximos passos, estudar junto...

O coletivo de educadores é portanto também o seu espaço de autoformação. Não há como ser sujeito de um processo como este sem uma formação diferenciada e permanente. É preciso aprender a refletir sobre a prática, é preciso continuar estudando, é preciso se desafiar a escrever sobre o processo, teorizá-lo.

Por sua vez, um coletivo de educadores precisa ter alguma forma de acompanhamento externo que ajude a dinamizar o seu processo de formação e a chamar a atenção para aspectos que a rotina do dia a dia já não deixa enxergar. No MST, o Setor de Educação tem a responsabilidade de acompanhar o processo das escolas onde se educam os Sem Terra (ainda que não consiga estar em cada uma delas), propondo atividades de formação que juntem educadores a nível regional, estadual e nacional.

Esta é, aliás, mais uma das lições da caminhada do MST com formação de educadores: é muito importante que os educadores, e especialmente os professores, dada a especificidade de sua rotina diária, garantam seu processo de formação na própria escola, participando do seu coletivo. Mas é igualmente importante que possam de vez em quando sair da escola e participar de atividades em outros lugares, com outras pessoas. Podem ser atividades gerais do movimento social, mobilizações ou outras ações da luta; e podem ser também encontros ou cursos de formação de educadores, que lhes permitam partilhar experiências, saberes, sentimentos, pedagogias, sonhos[53].

---

[53] Um momento exemplar nesta perspectiva foi no MST a realização do *I Encontro Nacional de Educadoras e Educadores da Reforma Agrária*, I Enera, em julho de 1997, e que inspirou a própria realização da Conferência Nacional "Por Uma Educação Básica do Campo", no ano seguinte. Confira no anexo 2 o texto do Manifesto produzido pelos participantes deste Encontro ao povo brasileiro. Certamente foi um momento muito forte no processo educativo dos educadores do Movimento.

Se é verdade que vemos o mundo de acordo com o chão em que pisamos, então um professor ou uma professora que nunca sai dos limites de sua escola terá uma visão de mundo do tamanho dele/dela e não terá as condições humanas necessárias para fazer a leitura das ações educativas que acontecem fora, e nem sempre assim tão próximas, da escola.

Pisar em outros territórios, conversar com outras gentes, ouvir outros sotaques, mudar de ambiente, ver outras coisas, produz um "arejamento" indispensável para a formação de um educador. Isto ajuda a multiplicar suas raízes, ou a enraizá-lo numa coletividade maior, que pode ser a coletividade do movimento social ao qual se vincula (no caso do MST, a coletividade que é hoje a família Sem Terra de todo o Brasil), ou a coletividade dos trabalhadores e das trabalhadoras em educação, ou a coletividade dos lutadores e das lutadoras do povo, ou todas elas combinadas e em movimento.

10 Escola do campo em movimento é escola em movimento.

Lições extraídas da caminhada de um movimento social só podem ser lições de movimento. Por isto não há como deixar de destacar esta lição pedagógica mestra: se depois de todo o esforço de pensar e colocar em funcionamento uma escola do campo, com tempos, espaços, estruturas e práticas planejadas por e para serem educativas dos sujeitos do campo, imaginamos que agora está tudo pronto e que podemos relaxar e deixar que as coisas assim permaneçam, ou que andem sozinhas, acabamos de matar o processo pedagógico e destruir nossa escola.

Sem movimento não há ambiente educativo; sem movimento não há escola do campo em movimento. Por isso não se trata de construir modelos de escola ou de pedagogia, mas sim de desencadear processos movidos por valores e princípios, estes sim referências duradouras para o próprio movimento.

Uma escola em movimento é aquela que vai fazendo e refazendo as ações educativas do seu dia a dia, levando em

conta e participando ativamente dos seguintes níveis do movimento pedagógico que a constitui enquanto ambiente educativo:
- *o movimento da realidade, da história:* no nosso caso já dissemos que o campo está em movimento e numa dinâmica acelerada pelas tensões e lutas sociais que rapidamente modificam e criam demandas para seus sujeitos; a história não para e as questões humanas dos sujeitos sociais e de cada pessoa não são sempre as mesmas, ou pelo menos não permanecem muito tempo com o mesmo conteúdo. Uma escola que se pretenda parte de um movimento pedagógico mais amplo precisa fazer o seu movimento interno em sincronia com ele;
- *o movimento das relações sociais que constituem o ambiente educativo*: existe uma dinâmica própria do ambiente educativo que precisa ser observada, interpretada e intencionalizada pelo coletivo de educadores. Relações sociais em movimento produzem contradições, tensões, conflitos, que precisam ser trabalhados para que os objetivos pedagógicos sejam atingidos. Quando uma escola deixa de ser apenas audiência passiva a aulas sem muito sentido, e a vida se faz presente dentro dela, isto quer dizer que há um conjunto de dimensões se movimentando ao mesmo tempo e nem sempre em harmonia ou de um jeito educativo. A prática nos diz que numa escola a "lei da inércia" costuma ser muito perigosa porque a deseducação geralmente é mais fácil, especialmente se nosso ideal pedagógico é contestador da ordem e dos valores dominantes. Sem a intencionalidade e o pulso firme dos educadores no processo de construção e reconstrução permanente do ambiente educativo, não teremos a formação humana necessária ao nosso projeto;
- *o movimento da formação humana no coletivo e em cada pessoa*: as pessoas não se educam todas do mesmo jeito. Até porque elas somente aprendem aquilo de que sabem ter necessidade de aprender. E não se pode impor a uma pessoa a

consciência da necessidade de aprender, embora se possa pressionar as circunstâncias capazes de gerá-la. Um dos grandes desafios do coletivo de educadores é organizar o ambiente educativo de modo que o coletivo seja pressionado a querer se educar, para que então o próprio coletivo seja a pressão positiva e educativa sobre cada pessoa. Estamos falando de necessidades de aprendizagem diversas: necessidade de estudar e de produzir conhecimento, necessidade de aprender a rever posturas, de se relacionar com as pessoas, de descobrir suas capacidades e virtudes, de criar novas formas de expressão, de produzir mais no trabalho, de ser mais sensível, mais humano... Mas para que este processo seja mesmo educativo para todos, é preciso que os educadores e as educadoras estejam sempre prestando atenção nele, interpretando as reações e os comportamentos de cada educando (e também de si mesmos) e ajustando formas e conteúdos do processo pedagógico em andamento.

Seguindo em frente

Estas são lições que conseguimos sistematizar, neste momento, para socializar com as companheiras e os companheiros interessados em compreender e ajudar no debate e nas práticas de uma educação básica do campo. Que este diálogo possa prosseguir, produzindo e reproduzindo novas e antigas lições de nossa caminhada coletiva, que continua... E se isto ajudar a diminuir, ainda que seja em um único passo, a degradação humana e a injustiça social que assolam nossa sociedade nesta entrada dos anos 2000, o esforço e os sacrifícios de nossas organizações e movimentos já não terão sido em vão. Assim como não será vã a esperança teimosa que alimenta nosso espírito e reconstrói nossa utopia coletiva a cada dia. Afinal,

"somos e valemos o que seja a nossa causa."
(Dom Pedro Casaldáliga)

Escrito em janeiro de 2000.

Anexo 1:
Carta dos SEM TERRINHA ao MST

Querido MST

Somos filhos e filhas de uma história de lutas. Somos um pedaço da luta pela terra e do MST. Estamos escrevendo esta carta pra dizer a você que não queremos ser apenas filhos de assentados e acampados. Queremos ser SEM TERRINHA, pra levar adiante a luta do MST.

No nosso país há muita injustiça social. Por isso queremos começar desde já a ajudar todo mundo a se organizar e lutar pelos seus direitos. Queremos que as crianças do campo e da cidade possam viver com dignidade. Não gostamos de ver tanta gente passando fome e sem trabalho pra se sustentar.

Neste Encontro dos Sem Terrinha, em que estamos comemorando o Dia da Criança e os seus 15 anos, assumimos um compromisso muito sério: seguir o exemplo de lutadores como nossos pais e Che Guevara, replantando esta história por onde passarmos. Prometemos a você:

- Ser verdadeiros Sem Terrinha, honrando este nome e a terra que nossas famílias conquistaram.
- Ajudar os nossos companheiros que estão nos acampamentos, com doações de alimentos e roupas, incentivando para que continuem firmes na luta.
- Estudar, estudar, estudar muito para ajudar na construção de nossas escolas, nossos assentamentos, nosso Brasil.
- Ajudar nossas famílias a plantar, a colher, ter uma mesa farta de alimentos produzidos por nós mesmos e sem agrotóxicos.
- Embelezar nossos assentamentos e acampamentos, plantando árvores e flores e mantendo tudo limpo.
- Continuar as mobilizações e fazer palestras nas comunidades e escolas de todo o Brasil.
- Divulgar o MST e sua história, usando nossos símbolos com grande orgulho.

Ainda não temos 15 anos, mas nos comprometemos a trabalhar para que você, nós, MST, tenha muitos 15 anos de lutas e de conquistas para o povo que acredita em você e é você.

Um forte abraço de todos que participamos do
3º Encontro Estadual dos Sem Terrinha do Rio Grande do Sul.
Esteio, RS, 12 de outubro de 1999.

Anexo 2:
Manifesto das Educadoras e dos Educadores da Reforma Agrária ao Povo Brasileiro

No Brasil chegamos a uma encruzilhada histórica. De um lado está o projeto neoliberal, que destrói a Nação e aumenta a exclusão social. De outro lado, há a possibilidade de uma rebeldia organizada e da construção de um novo projeto. Como parte da classe trabalhadora de nosso país, precisamos tomar uma posição. Por essa razão nos manifestamos.

1. Somos educadoras e educadores de crianças, jovens e adultos de Acampamentos e Assentamentos de todo o Brasil e colocamos o nosso trabalho a serviço da luta pela Reforma Agrária e das transformações sociais.
2. Manifestamos nossa profunda indignação diante da miséria e das injustiças que estão destruindo nosso país e compartilhamos do sonho da construção de um novo projeto de desenvolvimento para o Brasil, um projeto do povo brasileiro.
3. Compreendemos que a educação sozinha não resolve os problemas do povo, mas é um elemento fundamental nos processos de transformação social.
4. Lutamos por justiça social! Na educação isto significa garantir escola pública, gratuita e de qualidade para todos, desde a Educação Infantil até a Universidade.
5. Consideramos que acabar com o analfabetismo, além de um dever do Estado, é uma questão de honra. Por isso nos comprometemos com esse trabalho.
6. Exigimos, como trabalhadoras e trabalhadores da educação, respeito, valorização profissional e condições dignas de trabalho e de formação. Queremos o direito de pensar e de participar das decisões sobre a política educacional.
7. Queremos uma escola que se deixe ocupar pelas questões de nosso tempo, que ajude no fortalecimento das lutas sociais e na solução dos problemas concretos de cada comunidade e do país.
8. Defendemos uma pedagogia que se preocupe com todas as dimensões da pessoa humana e que crie um ambiente

educativo baseado na ação e na participação democrática, na dimensão educativa do trabalho, da cultura e da história de nosso povo.
9. Acreditamos numa escola que desperte os sonhos de nossa juventude, que cultive a solidariedade, a esperança, o desejo de aprender e ensinar sempre e de transformar o mundo.
10. Entendemos que para participar da construção desta nova escola, nós, educadoras e educadores, precisamos constituir coletivos pedagógicos com clareza política, competência técnica, valores humanistas e socialistas.
11. Lutamos por escolas públicas em todos os Acampamentos e Assentamentos de Reforma Agrária do país e defendemos que a gestão pedagógica destas escolas tenha a participação da comunidade Sem Terra e de sua organização.
12. Trabalhamos por uma identidade própria das escolas do meio rural, com um projeto político-pedagógico que fortaleça novas formas de desenvolvimento no campo, baseadas na justiça social, na cooperação agrícola, no respeito ao meio ambiente e na valorização da cultura camponesa.
13. Renovamos, diante de todos, nosso compromisso político e pedagógico com as causas do povo, em especial com a luta pela Reforma Agrária. Continuaremos mantendo viva a esperança e honrando nossa Pátria, nossos princípios, nosso sonho...
14. Conclamamos todas as pessoas e organizações que têm sonhos e projetos de mudança, para que juntos possamos fazer uma nova educação em nosso país, a educação da nova sociedade que já começamos a construir.

MST
REFORMA AGRÁRIA: UMA LUTA DE TODOS!
1º *Encontro Nacional de Educadoras e Educadores da Reforma Agrária*
Homenagem aos educadores Paulo Freire e Che Guevara
Brasília, DF, 28 a 31 de julho de 1997.

Capítulo IV

Diretrizes de uma Caminhada

Bernardo Mançano Fernandes

*"...um dos saberes fundamentais mais requeridos para o exercício
de tal testemunho é o que se expressa na certeza de que mudar é
difícil, mas é possível. É o que nos faz recusar qualquer posição
fatalista que empresta a este ou àquele fator condicionante um
poder determinante, diante do qual nada se pode fazer."*
Paulo Freire: Pedagogia da Indignação, p. 55.

Introdução

Como membro da Articulação Nacional do Setor de Educação do Movimento dos Trabalhadores Rurais Sem Terra – MST, há doze anos, senti-me honrado ao ser convidado para redigir este texto a respeito das Diretrizes Operacionais para a Educação Básica nas Escolas do Campo, que teve como relatora a senhora Edla de Araújo Lira Soares. Quero salientar que neste texto estamos apresentando uma forma de testemunhar o nosso modo de ver a questão, pela qual temos trabalhado, que é a Educação Básica do Campo.

Para mim foi uma oportunidade de refletir a respeito de uma caminhada que tem no ano de 1997 uma referência importante, pois foi quando realizamos o Encontro Nacional de Educadoras e Educadores da Reforma Agrária – Enera. Naquele evento, começavam a se materializar as ideias que vínhamos matutando desde a segunda metade da década de 1980, com a criação do Setor de Educação na estrutura organizacional do Movimento dos Trabalhadores Rurais Sem Terra.

É importante destacar a razão pela qual nasceram essas ideias de uma Educação do Campo. Já naquele tempo, tínhamos um outro olhar sobre o campo. A luta pela terra e a conquista dos assentamentos construíam um território, onde se desenvolvia uma nova realidade, que são os assentamentos rurais. Nesses territórios, os sem-terra com seu jeito matuto deram a cismar que construir uma outra escola era possível. E quando quase todos diziam que isso era impossível, eles teimaram em fazer, como que obstinados do mesmo modo que resolveram entrar na terra, eles decidiram criar a escola da terra, onde se desenvolveria uma educação aberta para o mundo desde o campo.

Essa nova realidade também era percebida nas universidades, nos centros de pesquisa, que começavam a desenvolver metodologias e produzir referenciais teóricos para tentar compreender as novas configurações que se formavam no campo brasileiro. Ver o campo como parte do mundo e não como aquilo que sobra além das cidades. Desde esse ponto de vista, os sem-terra foram pensando insistentemente, discutindo com os povos do campo: camponeses, quilombolas e indígenas, sua diferente concepção de saber, que ficou esboçada na Conferência Nacional "Por Uma Educação Básica do Campo", realizada em 1998.

Agora, com a aprovação das Diretrizes Operacionais para a Educação Básica nas Escolas do Campo, consideramos isto um ponto de chegada de nossa caminhada. Mas como toda chegada é um movimento, estamos em um novo ponto de partida para a realização efetiva das resoluções das Diretrizes. Afinal, sabemos pelo duro aprendizado de conquista da cidadania que a luta faz a lei e garante os direitos. Mas, as conquistas só são consolidadas com pertinácia. No momento histórico recente temos aprendido que mesmo os direitos mais sagrados são usurpados em nome de um suposto desenvolvimento. Por essa razão, nenhuma conquista é garantida sem organização permanente.

A aprovação das Diretrizes representa um importante avanço na construção do Brasil rural, de um campo de vida, onde a escola é espaço essencial para o desenvolvimento humano. É um novo passo dessa caminhada de quem acredita que o campo e a cidade se complementam e, por isso mesmo, precisam ser compreendidos como espaços geográficos singulares e plurais, autônomos e interativos, com suas identidades culturais e modos de organização diferenciados, que não podem ser pensados como relação de dependência eterna ou pela visão *urbanoide* e totalitária, que prevê a intensificação da urbanização como o modelo de país moderno. A modernidade é ampla e inclui a todos e a todas, do campo e da cidade. Um país moderno é aquele que tem um campo de vida, onde os povos do campo constroem as suas existências.

Esperança e conquista

Em uma leitura atenta do Relatório do Parecer e das Diretrizes[54] podemos perceber que o olhar da relatora sobre o campo se coaduna com as visões dos povos do campo e com os estudos mais recentes dos pesquisadores do mundo rural, como citado a seguir:

> *"O campo, nesse sentido, mais que um perímetro não urbano, é um campo de possibilidades que dinamizam a ligação dos seres humanos com a própria produção das condições da existência social e com as realizações da sociedade humana".* (Parecer, p. 1)

O campo é lugar de vida, onde as pessoas podem morar, trabalhar, estudar com dignidade de quem tem o seu lugar, a sua identidade cultural. O campo não é só o lugar da produção agropecuária e agroindustrial, do latifúndio e da grilagem de terras. O campo é espaço e território dos camponeses e dos quilombolas. É no campo que estão as florestas, onde vivem as diversas nações indígenas. Por tudo isso, o campo é lugar de vida e sobretudo de educação.

---

[54] Todas as vezes que eu citar o Relatório do Parecer das Diretrizes, utilizarei as seguintes nomenclaturas: quando se referir ao texto da relatora, escreverei apenas Parecer e o número da página. Nas vezes que citar as Diretrizes, escreverei o número dos artigos, tendo como referência o documento do processo 23001000329/2001-55, aprovado em 04/12/2001.

A construção dessa visão foi necessária inclusive para se defender a escola do campo. Não há como justificar a existência de uma escola do campo a partir da visão do latifúndio ou como "aquilo" que sobra depois do perímetro urbano. Essa visão ainda é defendida por alguns estudiosos e é a compreensão que muitos profissionais da educação têm do campo, assim como boa parte da população urbana. A visão de um campo esvaziado pelo êxodo rural, pela monocultura e pela pecuária extensiva não combina com educação do campo.

Portanto, a visão de campo de vida só pode ser construída a partir da luta pela terra e da luta e da resistência para ficar na terra. E essas lutas foram desenvolvidas pelos sem-terra, pelos camponeses, pelos quilombolas, pelos povos indígenas. Foram eles que com suas formas de luta, resistência, conquista e esperança construíram essa realidade. Foi dessa forma que os assentamentos foram implantados, que as terras dos quilombolas foram reconhecidas e regularizadas, que os territórios indígenas começaram a ser demarcados e, inclusive, a sua população voltou a crescer. Essa história não pode ser ignorada nem esquecida. Ou corremos o risco de perder a essência da realidade, como bem explicita a relatora:

[...] a partir de uma visão idealizada das condições materiais de existência na cidade e de uma visão particular do processo de urbanização, alguns estudiosos consideram que a especificidade do campo constitui uma realidade provisória que tende a desaparecer, em tempos próximos, face ao inexorável processo de urbanização que deverá homogeneizar o espaço nacional. Também as políticas educacionais, ao tratarem o urbano como parâmetro e o rural como adaptação reforçam essa concepção. (Parecer, p. 2)

A Educação Básica do Campo nasceu para resistir e superar essa concepção. O espaço nacional deve ser compreendido por suas diferencialidades. A visão homogeneizadora só interessa aos que querem o domínio do latifúndio e defendem seus interesses e privilégios. Todavia, a realidade é bem maior que qualquer visão idealizadora. Estudos recentes têm demonstrado que essa visão está baseada em políticas e procedimentos equivocados.

O campo brasileiro e a educação

A história do campo brasileiro é a história da luta contra o cativeiro e contra o latifúndio. E pode ser lida de diversas maneiras. Nesta parte do texto, vamos ler, tomando como parâmetro a educação do campo, a partir do capítulo do parecer da relatora, denominado: *Diretrizes Operacionais para a Educação Básica nas Escolas do Campo: Proposição Pertinente?*

Neste capítulo, a autora expõe:

"No Brasil, todas as constituições contemplaram a educação escolar, merecendo especial destaque a abrangência do tratamento que foi dado ao tema a partir de 1934. Até então, em que pese o Brasil ter sido considerado um país de origem eminentemente agrária, a educação rural não foi sequer mencionada nos textos constitucionais de 1824 e 1891, evidenciando-se, de um lado, o descaso dos dirigentes com a educação do campo e, do outro, os resquícios de matrizes culturais vinculadas a uma economia agrária apoiada no latifúndio e no trabalho escravo". (Parecer, p. 3, grifo nosso)

A autora registra que a primeira referência à educação rural no ordenamento jurídico brasileiro só apareceu em 1923, nos anais do 1º. Congresso de Agricultura do Nordeste Brasileiro. Nascia ali o modelo de educação rural do patronato, que privilegiava o estado de dominação das elites sobre os trabalhadores. A educação rural, como forma de domesticar os trabalhadores que tinham acesso à educação, desde então esteve a serviço dessa forma de controle sociopolítico.

Na Constituição de 1934, pela primeira vez, aparece uma referência à educação rural, que se constituía a partir do modelo de dominação da elite latifundiária. As constituições de 1937 e 1946 evidenciam a mudança de poder da elite agrária para as emergentes elites industriais. Desse modo, mantém-se o modelo de educação rural, mas aperfeiçoa-se o sistema de subjugação, implantando-se o ensino agrícola, mas sob o controle do patronato.

A Constituição de 1967 e a emenda de 1969, sob o controle ditatorial dos militares, reforçaram esse sistema. Somente na Constituição de 1988 é que a educação é, finalmente, promulgada como direito de todos. Nascia ali a perspectiva da construção de uma educação do campo, livre do jugo das elites. E é o que foi feito, como explicita a relatora:

"É dessa forma que se pode explicar a realização da Conferência Nacional Por uma Educação Básica do Campo, que teve como principal mérito recolocar, sob outras bases, o rural, e a educação que a ele se vincula". (Parecer, p. 9)

Além disso, a relatora destaca a presença do ensino rural nas novas constituições estaduais. Essa valorização da educação do campo não é gratuita. Se por um lado, ela é fruto da organização popular, por outro também é das transformações recentes do campo brasileiro. Já na Conferência "Por Uma Educação Básica do Campo" destacávamos que as mobilizações dos povos do campo, o fim do êxodo rural e a crise econômica atual formavam um conjunto de fatores que nos ajudavam a explicar as mudanças na relação e interação campo-cidade.

No texto-base da Conferência apresentávamos evidências da constituição de uma nova realidade que exigia outra leitura do campo e respectivamente da educação voltada para essa realidade. Discutíamos, por exemplo, que os assentamentos rurais em diversas regiões haviam contribuído para uma mudança de direção no modelo de desenvolvimento local. O aumento populacional em alguns municípios, como destaque para a população rural, era resultado da luta pela terra, com a transformação de latifúndios em assentamentos rurais. Essa realidade exigia que se repensasse a educação do campo, para fortalecer o desenvolvimento e a consolidação das comunidades em formação.

Desde então, novos estudos apareceram, que têm contribuído para uma ampla reflexão a respeito dos conceitos de rural e urbano no Brasil. Um exemplo é o estudo de José Eli da Veiga (2002) que, a partir dos dados do Censo Populacional de 2000, mostra a subestimação que se faz do Brasil rural. Em seu livro *Cidades imaginárias: o Brasil é menos urbano do que se calcula*, o autor demonstra que por meio de conceitos e critérios equivocados, o Instituto Brasileiro de Geografia e Estatística considera como população urbana uma parcela importante da população rural. E, se mudados os critérios, teríamos uma maior participação da população rural na contagem da população total.

A Educação Básica do Campo é uma condição fundamental para o exercício da cidadania dos povos do campo. Sem dúvida, essa expressão contém muito mais que o significado de um conceito. Traz em si a perspectiva de desenvolvimento para uma importante parte da população brasileira.

A arte de construir um conceito

A Educação do Campo é um conceito cunhado com a preocupação de se delimitar um território teórico. Nosso pensamento é defender o direito que uma população tem de pensar o mundo a partir do lugar onde vive, ou seja, da terra em que pisa, melhor ainda a partir de sua realidade. Quando pensamos o mundo a partir de um lugar onde não vivemos, idealizamos um mundo, vivemos um não lugar. Isso acontece com a população do campo quando pensa o mundo e, evidentemente, o seu próprio lugar a partir da cidade. Esse modo de pensar idealizado leva ao estranhamento de si mesmo, o que dificulta muito a construção da identidade, condição fundamental da formação cultural.

No texto-base da Conferência "Por Uma Educação Básica do Campo" apresentamos nossas primeiras reflexões a respeito desse conceito. Neste documento concebemos o conceito tomando como referência os elementos da realidade em formação, vinculados à história de exclusão a que os trabalhadores estão submetidos, sem conseguir defender os seus direitos de poder pensar e construir uma proposta pedagógica que possibilitasse a sua autonomia sociopolítica, rompendo com as políticas de dependência e dominação. Escrevemos que:

"Não basta ter escolas no campo; queremos ajudar a construir escolas do campo, ou seja escolas com um projeto políticopedagógico vinculado às causas, aos desafios, aos sonhos, à história e à cultura do povo trabalhador do campo".

Segundo esse modo de pensar, as diferenças entre *escola no campo* e *escola do campo* são pelo menos duas: enquanto escola no campo representa um modelo pedagógico ligado a uma tradição ruralista de dominação, a escola do campo representa uma proposta de construção de uma pedagogia, tomando como referências as diferentes experiências dos seus sujeitos: os povos do campo. Nesse sentido, tomamos como referência os artigos 206 e 216 da Constituição de 1988.

Sem dúvida que esse significado do conceito foi compreendido pela relatora que no capítulo *Território da Educação Rural na Lei de Diretrizes e Bases da Educação Nacional* destaca a inovação em que a LDB submete a noção de adaptação, ou seja, de ajustamento, à noção de adequação que representa a inerência dos interesses de seus sujeitos em suas respectivas realidades. Desse modo, na Lei de Diretrizes e Bases está o reconhecimento da diversidade sociocultural, o direito plural, possibilitando a elaboração de diferentes diretrizes operacionais.

Em seus respectivos tempos e espaços, o conceito Educação do Campo foi sendo constituído e se expandiu em suas derivações que contêm os princípios de seus significados: o direito de pensar o mundo a partir de seu próprio lugar. Assim, educação do campo e escola do campo são palavras que encerram em si a história de uma luta, de um trabalho que começa a dar frutos, com a aprovação das Diretrizes Operacionais para a Educação Básica nas Escolas do Campo.

A luta faz a lei

A Constituição de 1988 foi resultado e uma luta popular que emergiu contra a ditadura e restabeleceu a democracia. Nesse contexto, a luta pela terra possibilitou a formação de uma concepção democrática de educação, em que os seus protagonistas propuseram e levaram a cabo o direito de ter uma escola que contribua de fato para o desenvolvimento do campo.

Igualmente as Diretrizes Operacionais para a Educação Básica nas Escolas do Campo, representam uma conquista de nossa caminhada. E uma mostra desse triunfo está no parágrafo único do Artigo 2º:

"A identidade da escola do campo é definida pela sua vinculação às questões inerentes à sua realidade, ancorando-se na temporalidade e saberes próprios dos estudantes, na memória coletiva que sinaliza futuros, na rede de ciência e tecnologia disponível na sociedade e nos movimentos sociais em defesa de projetos que associem as soluções exigidas por essas questões à qualidade social da vida coletiva do país".

Ainda os Artigos 9, 10 e 11 especificam que "as demandas dos movimentos sociais poderão subsidiar as políticas educacionais", determinando a abertura à participação democrática dos seus protagonistas; que nas escolas do campo está garantida a gestão por meio de mecanismos que possibilitem as relações entre a escola, a comunidade e os movimentos sociais. Esses mecanismos devem viabilizar a participação de todos, garantindo a autonomia das escolas de modo solidário e coletivo para discutir os problemas do campo, "estimulando a autogestão no processo de elaboração, desenvolvimento e avaliação das propostas pedagógicas das instituições de ensino".

No Artigo 13 constam as condições fundamentais para o desenvolvimento real da escola do campo, como a formação dos professores para a docência nas escolas do campo, o reconhecimento das crianças, jovens e adultos do campo como principais sujeitos da construção do conhecimento a partir de suas próprias realidades, ou seja, do lugar onde vivem.

De fato, as Diretrizes representam um avanço real para a Educação Básica do Campo. Da mesma forma, o parecer da relatora está repleto de considerações bem fundamentadas na história da educação e no reconhecimento dos seus principais protagonistas.

A chegada a este ponto de nossa caminhada multiplica nossas responsabilidades e nossos compromissos. Conhecendo essa história da luta que faz a lei, sabemos também que a luta faz vigorar a lei. Por essa razão, sem a organização dos povos do campo, as Diretrizes correm o risco de ser letra morta no papel. É fundamental que os sujeitos que construíram as condições para que tivéssemos essas Diretrizes continuem a acreditar que mudar é difícil, mas é possível, como afirma Paulo Freire na epígrafe deste texto.

Por fim, lembramos que é preciso reconhecer sempre o trabalho coletivo que foi realizado para chegarmos a essa conquista. Nossos estimados parceiros: CNBB, Unicef, Unesco e UnB foram fundamentais nessa jornada. Sabemos que nossos compromissos e nossos sonhos continuarão sendo a liga que nos manterá juntos nessa caminhada de agora em diante.

Referências

ARROYO, Miguel & FERNANDES, Bernardo Mançano. *A educação Básica e o Movimento Social no Campo*. Brasília: Articulação Nacional Por Uma Educação Básica do Campo, 1999.

CONFERÊNCIA "Por Uma Educação Básica do Campo". *Texto-base*. Brasília, 1998.

BRASIL. *Conselho Nacional de Educação*. Processo 23001000329/2001-55. Brasília, 2001 [Parecer 36/2001, da relatora Soares, Edla de Araújo Lira às *Diretrizes Operacionais para a Educação Básica nas escolas do Campo*].

FREIRE, Paulo. *Pedagogia da Indignação*. São Paulo: Unesp, 2000.

VEIGA, José Eli. *Cidades Imaginárias*: o Brasil é menos urbano do que se calcula. Campinas: Editores Associados, 2002.

Capítulo V

Por Uma Educação do Campo: traços de uma identidade em construção

Roseli Salete Caldart

O objetivo desta exposição é refletir sobre a identidade que vem sendo construída pelos sujeitos que se juntam para lutar *por uma educação do campo*. Quem somos nós, que trazemos de volta à agenda nacional algumas lutas tão antigas como nosso país, e que ao mesmo tempo nos atrevemos a desenhar alguns traços novos para o jeito e o conteúdo destas lutas? Por que não aceitamos mais falar em uma educação para o meio rural e afirmamos nossa identidade vinculada a uma *educação do campo*? O que une e identifica os diferentes sujeitos da educação do campo?

Vamos buscar responder a estas questões trazendo para o debate deste Seminário Nacional *Por Uma Educação do Campo* alguns dos traços que, segundo interpretamos, vêm compondo a trajetória e construindo a identidade de nosso movimento. Trata-se de uma reflexão especialmente necessária neste momento histórico de transição, onde talvez aumente o número dos que pretendam falar em nosso nome...

1 **A Educação do Campo identifica uma luta pelo direito de todos à educação.**

Um dos traços fundamentais que vêm desenhando a identidade deste movimento *por uma educação do campo* é a luta do povo do campo por políticas públicas que garantam o seu direito à educação e a uma educação que seja no e do campo. *No*: o povo tem direito a ser educado no lugar onde vive; *Do*: o povo tem direito a uma educação pensada desde o seu lugar e com a sua participação, vinculada à sua cultura e às suas necessidades humanas e sociais.

Somos herdeiros e continuadores da luta histórica pela constituição da educação como um direito universal, de todos: um direito humano, de cada pessoa em vista de seu desenvolvimento mais pleno, e um direito social, de cidadania ou de participação mais crítica e ativa na dinâmica da sociedade. Como direito, não pode ser tratada como serviço nem como política compensatória; muito menos como mercadoria.

A educação do campo se tem desenvolvido em muitos lugares através de programas, de práticas comunitárias, de experiências pontuais. Não se trata de desvalorizar ou de ser contra estas iniciativas, porque elas têm sido uma das marcas de nossa resistência. Mas é preciso ter clareza de que isto não basta. A nossa luta é no campo das políticas públicas, porque esta é a única maneira de universalizarmos o acesso de todo o povo à educação.

Da mesma forma, é preciso incluir o debate da educação do campo no debate geral sobre educação, e no debate de um projeto popular de desenvolvimento do país.

Este olhar para a educação do campo como um direito tem um outro desdobramento importante: pensar uma política de educação que se preocupe também com o jeito de educar quem é sujeito deste direito, de modo a construir uma qualidade de educação que forme as pessoas como *sujeitos de direitos*.

2 Os sujeitos da educação do campo são os sujeitos do campo.

A educação do campo se identifica pelos seus sujeitos: é preciso compreender que por trás da indicação geográfica e da frieza de dados estatísticos está uma parte do povo brasileiro que vive neste lugar e desde as relações sociais específicas que compõem a vida no e do campo, em suas diferentes identidades e em sua identidade comum; estão pessoas de diferentes idades, estão famílias, comunidades, organizações, movimentos sociais... A perspectiva da educação do campo é exatamente a de educar este povo, estas pessoas que trabalham no campo, para que se articulem, se organizem e assumam a condição de sujeitos da direção de seu destino.

Trata-se de uma educação *dos* e não *para os* sujeitos do campo. Feita sim através de políticas públicas, mas construídas com os próprios sujeitos dos direitos que as exigem. A afirmação deste traço que vem desenhando nossa identidade é especialmente importante se levarmos em conta que, na história do Brasil, toda vez que houve alguma sinalização de política educacional ou de projeto pedagógico específico, isto foi feito *para o meio rural* e muito poucas vezes *com os sujeitos do campo*. Além de não reconhecer o povo do campo como sujeito da política e da pedagogia, sucessivos governos tentaram sujeitá-lo a um tipo de educação domesticadora e atrelada a modelos econômicos perversos.

Por isso este nosso movimento *por uma educação do campo* se afirma como um basta aos "pacotes" e à tentativa de fazer das pessoas que vivem no campo instrumentos de implementação de modelos que as ignoram ou escravizam. Basta também desta visão estreita de educação como preparação de mão de obra e a serviço do mercado. Queremos participar diretamente da construção do nosso projeto educativo; queremos aprender a pensar sobre a educação que nos interessa enquanto seres humanos, enquanto sujeitos de diferentes culturas, enquanto classe trabalhadora do campo, enquanto sujeitos das transformações necessárias em nosso país, enquanto cidadãos do mundo...

Todas as Universidades, Secretarias de Educação e demais entidades e pessoas que estão participando ou apoiando esta nossa articulação *por uma educação do campo* reconhecem (devem reconhecer) o povo do campo como *sujeito das* ações e não apenas *sujeito às* ações de educação, de desenvolvimento... e assumem como sua tarefa educativa específica a de ajudar às pessoas e às organizações do campo para que se vejam e se construam como sujeitos, também de sua educação...

Para isso, todos precisamos ajudar a colocar as questões da educação na agenda de cada um dos sujeitos do campo: das famílias, das comunidades, dos movimentos sociais e de outras organizações populares.

3   A Educação do Campo se faz vinculada às lutas sociais do campo.

A realidade que deu origem a este movimento *por uma educação do campo* é de violenta desumanização das condições de vida no campo. Uma realidade de injustiça, desigualdade, opressão, que exige transformações sociais estruturais e urgentes.

Os sujeitos da educação do campo são aquelas pessoas que sentem na própria pele os efeitos desta realidade perversa, mas que não se conformam com ela. São os sujeitos da resistência no e do campo: sujeitos que lutam para continuar sendo agricultores apesar de um modelo de agricultura cada vez mais excludente; sujeitos da luta pela terra e pela Reforma Agrária; sujeitos da luta por melhores condições de trabalho no campo; sujeitos da resistência na terra dos quilombos e pela identidade própria desta herança; sujeitos da luta pelo direito de continuar a ser indígena e brasileiro, em terras demarcadas e em identidades e direitos sociais respeitados; e sujeitos de tantas outras resistências culturais, políticas, pedagógicas...

Esta é a materialidade que conforma nossa identidade. E talvez seja este o sentido da expressão *do campo* que às vezes assusta e torna tão difícil para alguns grupos aceitar que a nossa educação é *do campo* e não apenas *do* ou *para o meio rural*...

O movimento por uma educação do campo vincula a luta por educação com o conjunto das lutas pela transformação das condições sociais de vida no campo; por isso em nossos encontros sempre temos a preocupação de fazer e ajudar os educadores e as educadoras a fazer uma leitura histórica da realidade mais ampla; e por isso defendemos que uma das suas tarefas é ajudar na organização do povo para que participe dessas lutas.

Discutimos a educação vinculada aos processos sociais de formação dos sujeitos do campo porque aprendemos na prática que não há como educar verdadeiramente o povo do campo sem transformar as condições atuais de sua desumanização; e também já aprendemos que é na própria luta por estas transformações que o processo de humanização é retomado.

4 A educação do campo se faz no diálogo entre seus diferentes sujeitos.

O campo tem diferentes sujeitos. São pequenos agricultores, quilombolas, povos indígenas, pescadores, camponeses, assentados, reassentados, ribeirinhos, povos da floresta, caipiras, lavradores, roceiros, sem-terra, agregados, caboclos, meeiros, assalariados rurais e outros grupos mais. Entre estes há os que estão ligados a alguma forma de organização popular, outros não; há ainda as diferenças de gênero, de etnia, de religião, de geração; são diferentes jeitos de produzir e de viver; diferentes modos de olhar o mundo, de conhecer a realidade e de resolver os problemas; diferentes jeitos de fazer a própria resistência no campo; diferentes lutas.

Na trajetória do movimento *por uma educação do campo* estamos construindo alguns aprendizados básicos sobre estas diferenças, que talvez já possam mesmo ser considerados traços de nossa identidade. Um deles é que estas diferenças não apagam nossa identidade comum: somos um só povo; somos a parte do povo brasileiro que vive no campo e que historicamente tem sido vítima da opressão e da discriminação, que é econômica, política, cultural.

Aprendemos que a nossa divisão em nome das diferenças somente interessa a quem nos oprime: "dividir para melhor dominar" é uma máxima tão antiga quanto a própria dominação.

E aprendemos também que, em nome de nossa identidade comum e dessas nossas lutas comuns, não podemos querer apagar nossas diferenças, ignorando identidades e culturas construídas em séculos de história e através de tantas outras lutas; isto certamente significaria reproduzir entre nós o processo de *invasão cultural* (Paulo Freire) que em conjunto já sofremos há séculos. Nossa perspectiva deve ser a do diálogo: somos diferentes e nos encontramos como iguais para lutar juntos pelos nossos direitos de ser humano, de cidadão, e para transformar o mundo. O respeito às diferenças faz o nosso movimento mais forte, mais bonito e mais parecido com a vida mesma, sempre plural em suas expressões, em seus movimentos. Neste encontro também estamos abertos à nossa própria transformação: não queremos fixar-nos no que já somos; queremos, sim, poder ir desenhando outros traços em nossa identidade, fruto da *síntese cultural* a que nos desafiamos em conjunto.

5 A Educação do Campo identifica a construção de um projeto educativo.

O nome ou a expressão Educação do Campo já identifica também uma reflexão pedagógica que nasce das diversas práticas de educação desenvolvidas no campo e/ou pelos sujeitos do campo. É uma reflexão que reconhece o campo como lugar onde não apenas se reproduz, mas também se produz pedagogia; reflexão que desenha traços do que pode se constituir um projeto de educação ou de formação dos sujeitos do campo.

É um projeto de educação que reafirma, como grande finalidade da ação educativa, ajudar no desenvolvimento mais pleno do ser humano, na sua humanização e inserção crítica na dinâmica da sociedade de que faz parte; que compreende que os sujeitos se humanizam ou se desumanizam sob condições materiais e relações sociais determinadas; que *nos mesmos processos em que produzimos nossa existência nos produzimos como seres humanos*; que as práticas sociais e, entre elas, especialmente as relações de trabalho conformam (formam ou deformam) os sujeitos. É por isso que afirmamos que não há como verdadeiramente educar os sujeitos do campo sem transformar as circunstâncias sociais desumanizantes e sem prepará-los para ser os sujeitos dessas transformações...

Este projeto educativo reafirma e dialoga com a *pedagogia do oprimido* na sua insistência de que são os oprimidos os sujeitos de sua própria educação, de sua própria libertação, e também na insistência na cultura como matriz de formação do ser humano... Educação do campo como obra dos sujeitos do campo; educação do campo como intencionalidade de resistência cultural e também de transformações culturais em vista de uma humanização mais plena.

Este projeto reafirma e dialoga com a *pedagogia do movimento,* compreendendo a dimensão fortemente educativa da participação das pessoas no movimento social ou no movimento das lutas sociais e no movimento da história... A educação do campo precisa extrair as lições de pedagogia das lutas sociais que estão em sua origem e com as quais se vincula; e é intencionalidade de formação dos sujeitos destas lutas...

Este projeto ainda afirma como uma de suas especificidades a *pedagogia da terra*, compreendendo que há uma dimensão educativa na relação do ser humano com a terra: terra de cultivo da vida, terra de luta, terra ambiente, planeta. A educação do campo é intencionalidade de educar e reeducar o povo que vive no campo, na sabedoria de se ver como "guardião da terra" e não apenas como seu proprietário ou quem trabalha nela. Ver a terra como sendo de todos que podem se beneficiar dela. Aprender a cuidar da terra e apreender deste cuidado algumas lições de como cuidar do ser humano e de sua educação.

Trata-se de combinar pedagogias, de modo a fazer uma educação que forme e cultive identidades, autoestima, valores, memória, saberes, sabedoria; que *enraíze* sem necessariamente *fixar* as pessoas em sua cultura, seu lugar, seu modo de pensar, de agir, de produzir; uma educação que projete movimento, relações, transformações...

Trata-se de educar as pessoas como sujeitos humanos e como sujeitos sociais e políticos: intencionalidade no desenvolvimento humano, pensando a especificidade da educação da infância, da juventude, da idade adulta, dos idosos...; intencionalidade no fortalecimento da identidade de sujeito coletivo, no enraizamento social, na formação para novas relações de trabalho, na formação da consciência política...; e com uma intencionalidade política explícita: não queremos ajudar a formar trabalhadores do campo que se conformem ao modelo de agricultura em curso; queremos ajudar a formar sujeitos capazes de resistir a este modelo e lutar pela implementação de um outro projeto que inclua a todos que estiverem dispostos a trabalhar e a viver no campo e do campo...

6   **A Educação do Campo inclui a construção de Escolas do Campo.**

A Educação do Campo não cabe em uma escola, mas a luta pela escola tem sido um de seus traços principais: porque a negação do direito à escola é um exemplo emblemático do tipo de projeto de educação que se tenta impor aos sujeitos do campo; porque o tipo de escola que está ou nem está mais no campo tem sido um dos componentes do processo de dominação e de degradação das condições de vida dos sujeitos do campo; porque a escola tem uma tarefa educativa fundamental, especialmente na formação das novas gerações; e porque a escola pode ser um espaço efetivo de fazer acontecer a educação do campo.

Primeiro o nome da nossa articulação era *por uma educação básica do campo*; a alteração que estamos fazendo para *por uma educação do campo* tem em vista afirmar de modo a não deixar dúvidas: a) que não queremos educação só na escola formal: temos direito ao conjunto dos processos formativos já constituídos pela humanidade; b) que o direito à escola do campo, pelo qual lutamos, compreende desde a educação infantil até a Universidade.

Construir uma escola do campo significa *estudar para viver no campo*. Ou seja, inverter a lógica de que se estuda para sair do campo e se estuda de um jeito que permitiu um depoimento como este: *foi na escola onde pela primeira vez senti vergonha de ser da roça*. A escola do campo tem que ser um lugar onde especialmente as crianças e os jovens possam sentir orgulho desta origem e deste destino; não porque enganados sobre os problemas que existem no campo, mas porque dispostos e preparados para enfrentá-los, coletivamente.

Construir uma escola do campo significa pensar e fazer a escola a partir do projeto educativo dos sujeitos do campo, tendo o cuidado de não projetar para ela o que sua materialidade própria não permite; trazer para dentro da escola as matrizes pedagógicas ligadas às práticas sociais; combinar estudo com trabalho, com cultura, com organização coletiva, com postura de transformar o mundo... prestando atenção às tarefas de formação específicas do tempo e do espaço escolar; pensar a escola a partir do seu lugar e dos seus sujeitos, dialogando sempre com a realidade mais ampla e com as grandes questões da educação, da humanidade.

Se for assim, a escola do campo será mais do que escola, porque terá uma identidade própria, mas vinculada a processos de formação bem mais amplos, que não começam nem terminam nela mesma e que também ajudam na tarefa grandiosa de fazer a terra ser mais do que terra...

7 **As educadoras e os educadores são sujeitos da educação do campo.**

A educação do campo também se identifica pela valorização da tarefa específica das educadoras e dos educadores.

Sabemos que em muitos lugares elas e eles têm sido sujeitos importantes da resistência no campo, especialmente nas escolas. E que têm estado à frente de muitas lutas pelo direito à educação.

Em nossa trajetória *por uma educação do campo* temos também construído um conceito mais alargado de educador. Para nós é educador aquele cujo trabalho principal é o de fazer e o de pensar a formação humana, seja ela na escola, na família, na comunidade, no movimento social...; seja educando as crianças, os jovens, os adultos ou os idosos. Nesta perspectiva todos somos de alguma forma educadores, mas isto não tira a especificidade desta tarefa: nem todos temos como trabalho principal educar as pessoas e conhecer a complexidade dos processos de aprendizagem e de desenvolvimento do ser humano em suas diferentes gerações.

Por isso defendemos com tanta insistência a necessidade de políticas e de projetos de formação das educadoras e dos educadores do campo. Também, porque sabemos que boa parte deste ideário que estamos construindo é algo novo em nossa própria cultura, e que há uma nova identidade de educador que pode ser cultivada a partir deste movimento *por uma educação do campo*.

Construir a educação do campo significa formar educadores e educadoras do e a partir do povo que vive no campo como sujeitos destas políticas públicas, que estamos ajudando a construir, e também do projeto educativo que já nos identifica. Como fazer isso, é uma das questões que deve continuar nos ocupando de modo especial.

Assim somos; assim nos estamos construindo como lutadores e lutadoras *por uma educação do* campo. Cultivar esta identidade e lutar por ela é uma das tarefas que assumimos enquanto participantes deste movimento.

Dezembro de 2002.

Capítulo VI

Anexos

Anexo I

I Conferência Nacional
Por Uma Educação Básica do Campo
CNBB - MST - Unicef - Unesco - UnB
Luziânia/GO, 27 a 31 de julho de 1998
Documentos Finais

Compromissos e Desafios

Esta Conferência nos mostrou que somente é possível trabalhar por uma Educação Básica do Campo vinculada ao processo de construção de um Projeto Popular para o Brasil, que inclui necessariamente um novo projeto de desenvolvimento para o campo e a garantia de que todo o povo tenha acesso à educação.

Nesta perspectiva, nós, participantes desta Conferência, assumimos, pessoal e coletivamente, os seguintes compromissos e desafios:

1. **Vincular as práticas de Educação Básica do Campo com o processo de construção de um Projeto Popular de desenvolvimento nacional**

    A Educação do Campo tem um compromisso com a vida, com a luta e com o movimento social que está buscando construir um espaço onde possamos viver com dignidade.

    A Escola, ao assumir a caminhada do povo do campo, ajuda a interpretar os processos educativos que acontecem fora dela e contribui para a inserção de educadoras/educadores e educandas/educandos na transformação da sociedade.

2. **Propor e viver novos valores culturais**

A Educação do Campo precisa resgatar os valores do povo que se contrapõem ao individualismo, ao consumismo e demais contravalores que degradam a sociedade em que vivemos.

A Escola é um dos espaços para antecipar, pela vivência e pela correção fraterna, as relações humanas que cultivem a cooperação, a solidariedade, o sentido de justiça e o zelo pela natureza.

3. **Valorizar as culturas do campo**

A Educação do Campo deve prestar especial atenção às raízes da mulher e do homem do campo, que se expressam em culturas distintas, e perceber os processos de interação e transformação.

A Escola é um espaço privilegiado para manter viva a memória dos povos, valorizando saberes e promovendo a expressão cultural onde ela está inserida.

4. **Fazer mobilizações em vista da conquista de políticas públicas pelo direito à Educação Básica do Campo**

A Educação do Campo resgata o direito dos povos do campo à Educação Básica, pública, ampla e de qualidade.

A Escola é o espaço onde a comunidade deve exigir, lutar, gerir e fiscalizar as políticas educacionais.

5. **Lutar para que todo o povo tenha acesso à alfabetização**

A Educação do Campo deve partir das linguagens que o povo domina e combinar a leitura do mundo com a leitura da palavra.

A Escola deve assumir o desafio de exigir e implementar programas de Educação de Jovens e Adultos, priorizando, no momento, ações massivas de alfabetização.

6. **Formar educadoras e educadores do campo**

A Educação do Campo deve formar e titular seus próprios educadores, articulando-os em torno de uma proposta de desenvolvimento do campo e de um projeto político-pedagógico específico para as suas escolas.

A Escola que forma as educadoras/os educadores deve assumir a identidade do campo e ajudar a construir a referência de uma nova pedagogia.

7. Produzir uma proposta de Educação Básica do Campo

A Educação do Campo, a partir de práticas e estudos científicos, deve aprofundar uma pedagogia que respeite a cultura e a identidade dos povos do campo: tempos, ciclos da natureza, mística da terra, valorização do trabalho, festas populares, etc.

A Escola necessita repensar a organização de seus tempos e espaços para dar conta deste novo desafio pedagógico.

8. Envolver as comunidades neste processo

A Educação do Campo acontece através de ações de solidariedade e de cooperação entre iniciativas, organizações e movimentos populares, em vista da implementação de um projeto popular de desenvolvimento do campo.

A Escola deve assumir a gestão democrática em seus diversos níveis, incluindo a participação das alunas e dos alunos, das famílias, das comunidades, das organizações e dos movimentos populares.

9. Acreditar na nossa capacidade de construir o novo

A Educação do Campo exige fidelidade aos povos do campo. A educadora/o educador não pode se descolar da realidade nem perder a utopia.

A Escola deve ser espaço de ressonância das demandas e dos sonhos, contribuindo na formação de sujeitos coerentes e comprometidos com o novo Projeto.

10. Implementar as propostas de ação desta Conferência

A Educação do Campo tem por base a necessidade do engajamento de seus sujeitos na concretização dos compromissos assumidos. A pedagogia do diálogo deve ser combinada com a pedagogia da ação.

A Escola precisa estar presente na vida da comunidade e assumir as grandes questões e causas dos povos do campo.

Por uma Educação Básica do Campo.
Semente que vamos cultivar!

Desafios e Propostas de Ação

A discussão desta Conferência nos mostrou que somente é possível trabalhar por uma Educação Básica do Campo[55], se a vincularmos ao processo de construção de um Projeto Popular para o Brasil, que inclui necessariamente um novo projeto de desenvolvimento para o campo e a garantia de que todo o povo tenha acesso à educação.

Nesta perspectiva, nós, participantes desta Conferência, assumimos o compromisso, pessoal e coletivo, de enfrentar os desafios e implementar as propostas de ação seguintes:

1. **Vincular as práticas de Educação Básica do Campo com o processo de construção de um Projeto Popular de desenvolvimento nacional**

a) Colocar os povos[56] do meio rural na agenda política do país e aprofundar a discussão sobre o lugar do campo em um novo projeto nacional.
b) Debater o papel da educação no processo de construção do novo projeto de desenvolvimento.
c) Multiplicar este debate em todas as escolas do meio rural e urbano e nas demais instâncias educativas.
d) Envolver neste debate os movimentos populares, os sindicatos, as universidades, as igrejas, as paróquias, as comunidades de base, os governos de gestão popular e demais entida-

---

[55] Segundo a LDB, Lei 9.394/96, Educação Básica abrange Educação Infantil, Ensino Fundamental da 1ª a 8ª séries, Ensino Médio e Profissionalizante e Educação de Jovens e Adultos.
[56] Por "Povos do Campo" compreendemos: os indígenas, os quilombolas, os camponeses em toda a sua diversidade.

des interessadas na construção de uma Educação Básica do Campo.
e) Criar coletivos de pais para discutir propostas de educação com o objetivo de preparar os filhos para a vida no campo.
f) Criar coletivos de jovens para discutir a sua formação e participação na construção do novo projeto.
g) Discutir a questão dos 500 anos de Brasil a partir do ponto de vista da classe trabalhadora.
h) Preparar as crianças do campo para o desenvolvimento de suas potencialidades desde os primeiros anos de vida.

2. Propor e viver novos valores culturais

a) Identificar e resgatar os valores culturais que caracterizam os povos do campo, que consideramos essenciais para o desenvolvimento da cidadania: relação com a natureza, percepção do tempo, valorização da família, experiência da entreajuda.
b) Compreender as raízes dos povos do campo (valores, moral, tradição, etnias, festas, religiosidade popular, histórias da luta do povo, símbolos, gestos, mística...) e incentivar produções culturais próprias, sensibilizando a sociedade para valorizá-las.
c) Realizar eventos que expressem e promovam as culturas camponesas, indígenas, quilombolas, transformando as escolas em centros de cultura.
d) Romper com os modismos e concepções alienantes, que dão sentido pejorativo e desvalorizam o campo e as pessoas que nele vivem, recuperando a autoestima.
e) Construir trabalho pedagógico, específico e articulado, com técnicos, pesquisadores e educadores para que busquem conhecer e respeitar os valores culturais dos povos do campo, de acordo com as suas regiões, tendo como eixo a construção do conhecimento e o processo participativo.
f) Desenvolver pesquisas que resgatem as memórias e as histórias das culturas regionais.
g) Incluir as relações de gênero e etnia no processo educativo.
h) Garantir o acesso à cultura tecnológica contemporânea, desde que apropriada.

3. **Fazer mobilizações em vista da conquista de políticas públicas pelo direito à Educação Básica do Campo**
a) Acompanhar a tramitação das propostas do Plano Nacional de Educação (PNE), visando à inclusão das reflexões desta Conferência.
b) Multiplicar as iniciativas de denúncia ao descaso dos governos federal, estaduais e municipais em relação às questões do campo.
c) Realizar um seminário entre os promotores da Conferência e entidades que tenham atuação e ou responsabilidades em relação à educação no meio rural, para socializar as discussões desta Conferência e encaminhar propostas de ação.
d) Fazer um movimento de conscientização dos povos do campo sobre o seu direito à educação.
e) Discutir, nos fóruns específicos de cada movimento e entidades participantes da Conferência, lutas e iniciativas que visem uma ampliação rápida e massiva do acesso da população do campo à Educação Básica no próprio meio rural.
f) Buscar apoio à produção e à divulgação de materiais didáticos e pedagógicos que tratem de questões de interesse direto das pessoas que vivem no campo.
g) Exigir dos responsáveis que todas as escolas do campo tenham infraestrutura adequada, incluindo biblioteca, laboratórios e outros recursos pedagógicos como, por exemplo, parques, salas de jogos, etc.
h) Buscar apoio às iniciativas de inovação de estruturas e currículos escolares nos diversos níveis da Educação Básica e de nível superior, visando à ampliação do acesso e ao desenvolvimento de uma pedagogia dos processos de transformação do campo.
i) Lutar pela manutenção, qualificação e ampliação das escolas existentes e pela implantação de programas combinados de produção e formação profissional, desenvolvidos na perspectiva do projeto popular de desenvolvimento do campo.
j) Lutar pela criação de escolas regionais que envolvam a combinação entre escolarização e formação profissional para a atuação no campo.

k) Pressionar para que haja uma seleção de docentes para as escolas do campo, respeitando a opção dos profissionais com relação aos locais onde atuarão e o parecer das comunidades.
l) Ligar as políticas públicas sobre educação com outras questões do desenvolvimento social do campo tais como: estradas, serviços de comunicação, culturas, assistência técnica, agricultura alternativa, saúde, transporte e lazer, etc.
m) Pressionar para que os governos federal, estaduais e municipais financiem escolas e ou processos educativos, geridos pelas comunidades rurais e movimentos populares que não tenham finalidade de lucro.
n) Lutar para que seja respeitado o direito à educação, no sentido de manter as turmas pequenas de alunos.
o) Incluir a Educação Especial na proposta de Educação Básica do Campo, garantindo profissionais especializados.
p) Insistir junto às universidades públicas para que criem cursos de nível superior em cada estado com currículo adequado à Educação Básica do Campo.
q) Negociar com o governo federal a criação de projetos semelhantes ao Pronera[57] para todos os trabalhadores e trabalhadoras do campo.
r) Incluir na Educação Básica disciplinas específicas voltadas à realidade do campo.
s) Adequar o ano letivo ao calendário agrícola de cada região.
t) Propor aos pesquisadores que os resultados de seus trabalhos sobre o campo sejam entregues às comunidades pesquisadas.
u) Mobilizar a população para exigir do Estado a implantação de escolas do campo gratuitas e de qualidade.
v) Valorizar e lutar pela manutenção das universidades rurais, assim como ampliar os investimentos nos centros tecnológicos especializados em educação do campo.
w) Mobilizar-se para a criação de um departamento federal para Educação do Campo, garantindo a participação dos povos do campo na política de financiamento.

---

[57] Pronera: Programa Nacional de Educação na Reforma Agrária.

x) Propiciar às escolas do campo coordenadores que de fato conheçam a realidade do campo e com ela se comprometam.
y) Lutar pela introdução da bolsa-escola no meio rural.
z) Lutar pelo atendimento na área de saúde nas escolas do campo.
aa) Exigir a garantia de recursos do Fundef[58] para a Educação Infantil e a Educação de Jovens e Adultos.

4. **Lutar para que todo o povo tenha acesso à alfabetização**

a) Demonstrar indignação diante do alto índice de analfabetismo e pressionar para que o governo brasileiro assuma a Década da Alfabetização, em homenagem a Paulo Freire, proposta pela Unesco, na perspectiva do projeto popular.
b) Lutar para que aconteçam programas continuados, amplos e massivos, de Educação de Jovens e Adultos, reconhecidos e financiados pelo MEC.
c) Participar e multiplicar iniciativas concretas na constituição de turmas de Educação de Jovens e Adultos na discussão de convênios, parcerias, etc.
d) Escolarizar monitores e alfabetizandos.
e) Garantir que a alfabetização proporcione meios de escolarização, formação e capacitação dos trabalhadores/das trabalhadoras do campo.
f) Garantir financiamentos específicos para programas de Educação de Jovens e Adultos.
g) Incentivar a criação de escolas itinerantes para a formação de alfabetizadores.
h) Regularizar as escolas itinerantes[59] em todos os acampamentos dos sem-terra e sem-teto.

5. **Formar Educadores e Educadoras do Campo**

a) Constituir uma rede de educadores e educadoras do campo, organizando um banco de dados com registros de experiên-

---

[58] Fundef: Fundo de Manutenção e Desenvolvimento do Ensino Fundamental e Valorização do Magistério.
[59] A Escola Itinerante possui uma estrutura flexível e uma proposta pedagógica específica para acompanhar a mobilidade dos movimentos sociais do campo e da cidade.

cias, pesquisas, publicações para facilitar o intercâmbio das mesmas.
b) Promover eventos de formação específica intercultural para quem trabalha em escolas no meio rural.
c) Construir alternativas urgentes de escolarização e profissionalização dos docentes não titulados, assegurando uma formação específica contínua, partindo da realidade do trabalho do professor, para atuação no meio rural.
d) Reorganizar as formas, os currículos e os métodos dos cursos de formação de educadores/educadoras, para que atendam à Educação Básica e à Educação Especial, tendo como referência a realidade do campo.
e) Que os estados e os municípios promovam a formação de educadoras/educadores em parceria com instituições comprometidas com as escolas do campo.
f) Exigir a garantia de formação universitária dos educadores/ das educadoras do meio rural.
g) Incluir nos cursos de Pedagogia disciplinas voltadas à realidade do campo.
h) Criar política salarial para a valorização dos educadores e educadoras do campo.
i) Criar política de bolsas de estudos para educadores/educadoras do campo.
j) Criar centros de educação permanente para os educadores/ educadoras do campo.
k) Incentivar estágios de magistério e pedagogia no meio rural.
l) Criar uma publicação pedagógica específica, voltada para as questões da escola do campo.
m) Criar uma Universidade Popular dos Movimentos Sociais.
n) Garantir que as escolas do campo trabalhem a cooperação entre os alunos, visando a um modelo tecnológico social e ambiental sustentável.

6. Produzir uma Proposta de Educação Básica do Campo

a) Sistematizar e produzir publicações sobre as experiências de escola do campo.
b) Organizar um Centro de Documentação específico sobre a Educação Básica do Campo.

c) Aprofundar uma pedagogia que respeite a cultura e a identidade do povo do campo: tempos, ciclos da natureza, festas populares, amor à terra, valorização do trabalho na sua dimensão educativa, respeitando as diferenças locais e regionais.
d) Montar uma agenda e uma rede de pesquisa que recoloque o campo como objeto de preocupação de estudiosos, especialmente das áreas de Educação, História, Geografia, Economia, Sociologia, Antropologia, Psicologia, Comunicação, Agronomia, Zootecnia, Filosofia, Ecologia, Arte e outras que estejam relacionadas com as mudanças no campo e, especialmente, com a Reforma Agrária.
e) Envolver as universidades no debate quanto à inclusão de linhas de pesquisa, atividades de extensão e de ensino a respeito do campo.
f) Fazer um levantamento das pesquisas já desenvolvidas sobre educação no e do campo.
g) Fazer um estudo sobre o impacto cultural da nucleação de escolas no meio rural.
h) Elaborar subsídios à formulação de políticas públicas e às práticas pedagógicas de Educação Básica em seus diversos níveis.
i) Buscar articulação e permanência entre as ações de extensão universitária realizadas nesta área.
j) Produzir e publicar materiais de apoio pedagógico às escolas do campo.
k) Levar em conta as propostas pedagógicas que vêm sendo elaboradas pela articulação dos educadores e das educadoras indígenas.
l) Valorizar, no programa curricular, a arte em seus mais variados aspectos (música, teatro, artes plásticas, poesia, literatura, etc.) como forma de garantir a plena formação do homem e da mulher do campo.
m) Tratar adequadamente das pessoas que necessitam de cuidados especiais, como os portadores de síndromes e deficiências.
n) Ter como referência, na construção do projeto pedagógico, pedagogias libertadoras como a de Paulo Freire.

o) Promover projetos e convênios nas universidades para viabilizar a formação acadêmica dos educadores e das educadoras do campo.
p) Garantir a autonomia das escolas quanto à escolha de assessorias, professores e materiais didáticos.

7. Envolver as comunidades neste processo

a) Criar espaços de estudos e debates sobre um novo projeto de desenvolvimento nacional e de suas implicações para o campo.
b) Construir ações de solidariedade e de cooperação entre iniciativas, organizações e movimentos na linha de implementação do novo projeto de desenvolvimento do campo.
c) Lutar pela gestão democrática nos diversos níveis do sistema escolar, incluindo a participação ativa das famílias, das comunidades, das organizações e dos movimentos populares nas decisões sobre as políticas de ação e na fiscalização do uso dos recursos públicos destinados às escolas.
d) Criar espaço para a participação efetiva das escolas do campo no Conselho Municipal de Educação.
e) Influenciar as escolas do meio rural e urbano para que elaborem e assumam um calendário que inclua datas relacionadas aos povos do campo e à valorização dos direitos humanos tais como: 8 de março – Dia Internacional da Mulher; 14 de março – Dia da Luta contra Barragens; 17 de abril - Dia Internacional da Luta Camponesa; 19 de abril – Dia do Índio; 1 de maio – Dia do Trabalhador e da Trabalhadora; 25 de julho – Dia Nacional do Trabalhador e da Trabalhadora Rural; 12 de agosto - Dia Nacional de Luta das Mulheres contra a Violência no Campo e pela Reforma Agrária; 7 de setembro – Grito dos Excluídos e Dia da Pátria; 10 de dezembro – Dia Internacional dos Direitos Humanos; 20 de novembro – Dia da Consciência Negra e Dia da Memória dos Mártires.
f) Incentivar e fortalecer a participação de pessoas e grupos nos conselhos escolares e conselhos comunitários.
g) Utilizar os espaços da mídia para divulgar o Projeto Popular Nacional.

8. Implementar as propostas de ação desta Conferência

a) Produzir textos que socializem as discussões da Conferência e aprofundem as várias dimensões de uma proposta de Educação Básica do Campo.
b) Preparar uma proposta de emenda ao Plano Nacional de Educação.
c) Propor e participar da elaboração ou alteração dos projetos político-pedagógicos e dos currículos das escolas do meio rural, enfatizando a reforma agrária, a luta pela terra e a permanência no campo e as lutas indígenas.
d) Constituir em cada estado, região e município fóruns das pessoas, entidades e movimentos, secretarias estaduais e municipais que se interessem em dar continuidade ao debate e às ações em vista de uma Educação Básica do Campo.
e) Intercambiar experiências, preocupações e princípios da Educação Básica do Campo na América Latina.
f) Utilizar o desenho do cartaz da Conferência como logomarca das produções deste evento.
g) Formar grupos nos municípios para continuar as discussões iniciadas na Conferência.
h) Conquistar a participação de profissionais engajados nos movimentos populares para a construção da Educação Básica do Campo.
i) Organizar colóquios de caráter pedagógico com especialistas e promover trocas de experiências.
j) Organizar, numa 2ª Conferência, um espaço maior para os grupos temáticos.
k) Garantir a parceria dos promotores nacionais, com a participação dos estados, a fim de articular e fortalecer as ações desencadeadas pela Conferência.
l) Realizar trocas contínuas de experiências entre os estados.
m) Criar uma data nacional para a Educação Básica do Campo, possivelmente no aniversário da morte de Paulo Freire.
n) Criar uma agenda comum entre as diversas instituições que atuam no campo.
o) Garantir espaços de estudos e debates da legislação vigente na área de educação: Constituição, LDB, Estatuto da Criança e do Adolescente, leis estaduais e municipais.

p) Produzir textos, realizar festivais e outros eventos para divulgar as culturas dos povos do campo.
q) Proporcionar a presença de secretarias de educação na próxima conferência ou em eventos similares.

Anexo II

MINISTÉRIO DA EDUCAÇÃO
CONSELHO NACIONAL DE EDUCAÇÃO

INTERESSADO: Câmara de Educação Básica do Conselho Nacional de Educação	UF: DF
ASSUNTO: Diretrizes Operacionais para a Educação Básica nas Escolas do Campo	
RELATORA: Edla de Araújo Lira Soares	
PROCESSO N.: 23001.000329/2001-55	

PARECER N.: 36/2001	COLEGIADO: CEB	APROVADO EM: 04.12.2001

I – Relatório

Na longa história das comunidades humanas, sempre esteve bem evidente a ligação entre a terra da qual todos nós, direta ou indiretamente, extraímos nossa subsistência, e as realizações da sociedade humana. E uma dessas realizações é a cidade ...
(Wiliams Raymond, 1989).

A Câmara da Educação Básica – CEB, no cumprimento do estabelecido na Lei n. 9.131/95 e na Lei n. 9.394/96 – LDB, elaborou diretrizes curriculares para a Educação Infantil, o Ensino Fundamental e o Médio, a Educação de Jovens e Adultos, a Educação Indígena e a Educação Especial, a educação profissional de nível técnico e a formação de professores em nível médio na modalidade normal.

A orientação estabelecida por essas diretrizes, no que se refere às responsabilidades dos diversos sistemas de ensino com o atendimento escolar sob a ótica do direito, implica o respeito às diferenças e a política de igualdade, tratando a qualidade da educação escolar na perspectiva da inclusão. Nessa mesma linha, o presente Parecer, provocado pelo artigo 28 da LDB, propõe medidas de adequação da escola à vida do campo.

A educação do campo, tratada como educação rural na legislação brasileira, tem um significado que incorpora os espaços da floresta, da pecuária, das minas e da agricultura, mas os ultrapassa ao acolher em si os espaços pesqueiros, caiçaras, ribeirinhos e extrativistas. O campo, nesse sentido, mais do que um perímetro não urbano, é um campo de possibilidades que dinamizam a ligação dos seres humanos com a própria produção das condições da existência social e com as realizações da sociedade humana.

Assim focalizada, a compreensão de campo não se identifica com o tom de nostalgia de um passado rural de abundância e felicidade que perpassa parte da literatura, posição que subestima a evidência dos conflitos que mobilizam as forças econômicas, sociais e políticas em torno da posse da terra no país.

Por sua vez, a partir de uma visão idealizada das condições materiais de existência na cidade e de uma visão particular do processo de urbanização, alguns estudiosos consideram que a especificidade do campo constitui uma realidade provisória que tende a desaparecer, em tempos próximos, face ao inexorável processo de urbanização que deverá homogeneizar o espaço nacional. Também as políticas educacionais, ao tratarem o urbano como parâmetro e o rural como adaptação reforçam essa concepção.

Já os movimentos sociais do campo propugnam por algo que ainda não teve lugar, em seu estado pleno, porque perfeito no nível das suas aspirações. Propõem mudanças na ordem vigente, tornando visível, por meio das reivindicações do cotidiano, a crítica ao instituído e o horizonte da educação escolar inclusiva.

A respeito, o pronunciamento das entidades presentes no Seminário Nacional de Educação Rural e Desenvolvimento Local Sustentável foi no sentido de se considerar o campo como espaço heterogêneo, destacando a diversidade econômica, em função do engajamento das famílias em atividades agrícolas e não agrícolas (pluriatividade), a presença de fecundos movimentos sociais, a multiculturalidade, as demandas por educação básica e a dinâmica que se estabelece no campo a partir da convivência com os meios de comunicação e a cultura letrada.

Assim sendo, entende a Câmara da Educação Básica que o presente Parecer, além de efetivar o que foi prescrito no texto da Lei, atende demandas da sociedade, oferecendo subsídios para o desenvolvimento de propostas pedagógicas que contemplem a mencionada diversidade, em todas as suas dimensões. Ressalte-se nesse contexto, a importância dos Movimentos Sociais, dos Conselhos Estaduais e Municipais de Educação, da SEF/MEC, do Conselho Nacional dos Secretários Estaduais de Educação - Consed, da União Nacional dos Dirigentes Municipais de Educação - Undime, das Universidades e instituições de pesquisa, do Conselho Nacional de Desenvolvimento Rural Sustentável, das ONG's e dos demais setores que, engajados em projetos direcionados para o desenvolvimento socialmente justo no espaço diverso e multicultural do campo, confirmam a pertinência e apresentam contribuições para a formulação destas diretrizes.

Diretrizes Operacionais para a Educação Básica nas Escolas do Campo: Proposição Pertinente?

Esta cova em que estás,
com palmos medida,
É a conta menor que tiraste em vida,
É de bom tamanho,
nem largo nem fundo,
é a parte que te cabe,
deste latifúndio.
Não é cova grande,
é cova medida,
é a terra que querias
ver dividida.
É uma cova grande
para teu pouco defunto,

*Mas estarás mais ancho
que estavas no mundo
É uma cova grande
para teu defunto parco,
Porém mais que no mundo
te sentirás largo.
É uma cova grande
para tua carne pouca,
Mas à terra dada
não se abre a boca.*
(Morte e Vida Severina, *João Cabral de Melo Neto*)

No Brasil, todas as constituições contemplaram a educação escolar, merecendo especial destaque a abrangência do tratamento que foi dado ao tema a partir de 1934. Até então, em que pese o Brasil ter sido considerado um país de origem eminentemente agrária, a educação rural não foi sequer mencionada nos textos constitucionais de 1824 e 1891, evidenciando-se, de um lado, o descaso dos dirigentes com a educação do campo e, do outro, os resquícios de matrizes culturais vinculadas a uma economia agrária apoiada no latifúndio e no trabalho escravo.

Neste aspecto, não se pode perder de vista que o ensino desenvolvido durante o período colonial, ancorava-se nos princípios da Contrarreforma, era alheio à vida da sociedade nascente e excluía os escravos, as mulheres e os agregados. Esse modelo que atendia os interesses da Metrópole sobreviveu, no Brasil, se não no seu todo, em boa parte, após a expulsão dos Jesuítas – 1759, mantendo-se a perspectiva do ensino voltado para as humanidades e as letras.

Na primeira Constituição, jurada a 25 de março, apenas dois dispositivos, os incisos XXXII e XXXIII do art.179, trataram da educação escolar. Um deles assegurava a gratuidade da instrução primária, e o outro se referia à criação de instituições de ensino nos termos do disposto a seguir:

Art.179. A inviolabilidade dos Direitos Civis e Políticos dos Cidadãos Brasileiros, que tem por base a liberdade, a segu-

rança individual, e a propriedade, é garantida pela Constituição do Império, pela maneira seguinte:
XXXII. A instrução primária é gratuita a todos os Cidadãos.
XXXIII. Colégios, e Universidades, aonde serão ensinados os elementos das Sciencias, Bellas Letras e Artes.

A Carta Magna de 1891 também silenciou a respeito da educação rural, restringindo-se, no artigo 72, parágrafos 6 e 24, respectivamente, à garantia da laicidade e à liberdade do ensino nas escolas públicas.

Art.72. A Constituição assegura aos brasileiros e a estrangeiros residentes no país a inviolabilidade dos direitos concernentes à liberdade, à segurança individual e à propriedade nos termos seguintes:

§ 6º. Será leigo o ensino ministrado nos estabelecimentos públicos.

§ 24º. É garantido o livre exercício de qualquer profissão moral, intelectual e industrial.

Além disso, uma dimensão importante do texto legal diz respeito ao reconhecimento da autonomia dos Estados e Municípios, imprimindo a forma federativa da República. No caso, cabe destacar a criação das condições legais para o desenvolvimento de iniciativas descentralizadas, mas os impactos dessa perspectiva no campo da educação foram prejudicados pela ausência de um sistema nacional que assegurasse, mediante a articulação entre as diversas esferas do poder público, uma política educacional para o conjunto do país.

Neste contexto, a demanda escolar que se vai constituindo é predominantemente oriunda das chamadas classes médias emergentes que identificavam, na educação escolar, um fator de ascensão social e de ingresso nas ocupações do embrionário processo de industrialização. Para a população residente no campo, o cenário era outro. A ausência de uma consciência a respeito do valor da educação no processo de constituição da cidadania, ao lado *das técnicas arcaicas do cultivo que não exigiam dos trabalhadores rurais nenhuma preparação*, nem mesmo a alfabetização, contribuíram para a ausência de uma proposta de educação escolar voltada aos interesses dos camponeses.

Na verdade, a introdução da educação rural no ordenamento jurídico brasileiro remete às primeiras décadas do século XX, incorporando, no período, o intenso debate que se processava no seio da sociedade a respeito da importância da educação para conter o movimento migratório e elevar a produtividade no campo. A preocupação das diferentes forças econômicas, sociais e políticas com as significativas alterações constatadas no comportamento migratório da população foi claramente registrada nos *annaes* dos Seminários e Congressos Rurais realizados naquele período.

É do 1º Congresso da Agricultura do Nordeste Brasileiro – 1923, por exemplo, o registro da importância dos Patronatos na pauta das questões agrícolas que deveriam ser cuidadosamente estudadas.

Tais instituições, segundo os congressistas, seriam destinadas aos menores pobres das regiões rurais e, pasmem, aos do mundo urbano, desde que revelassem pendor para a agricultura. Suas finalidades estavam associadas à garantia, em cada região agrícola, de uma poderosa contribuição ao desenvolvimento agrícola e, ao mesmo tempo, à transformação de *crianças indigentes em cidadãos prestimosos*.

A perspectiva salvacionista dos patronatos prestava-se muito bem ao controle que as elites pretendiam exercer sobre os trabalhadores, diante de duas ameaças: quebra da harmonia e da ordem nas cidades e baixa produtividade do campo. De fato, a tarefa educativa destas instituições unia interesses nem sempre aliados, particularmente os setores agrário e industrial, na tarefa educativa de salvar e regenerar os trabalhadores, eliminando, à luz do modelo de cidadão sintonizado com a manutenção da ordem vigente, *os vícios* que *poluíam suas almas*. Esse entendimento, como se vê, associava educação e trabalho, e encarava este como purificação e disciplina, superando a ideia original que o considerava uma atividade degradante.

Havia ainda os setores que temiam as implicações do modelo urbano de formação oferecido aos professores que atuavam nas escolas rurais. Esses profissionais, segundo educadores e governantes, desenvolviam um projeto educativo ancorado em formas racionais, valores e conteúdos próprios da cidade, em detrimento da valorização dos benefícios que eram específicos do campo. De fato, esta avaliação supervalorizava as práticas educativas das instituições de ensino, que nem sempre contavam com o devido apoio do poder público, e desconhecia a importância das condições de vida e de trabalho para a permanência das famílias no campo.

A Constituição de 1934, acentuadamente marcada pelas ideias do Movimento Renovador, que culminou com o Manifesto dos Pioneiros, expressa claramente os impactos de uma nova relação de forças que se instalou na sociedade a partir das insatisfações de vários setores: *cafeicultores, intelectuais, classes médias e até massas populares urbanas*. Na verdade, este é um período de fecundas reformas educacionais, destaque-se a de Francisco Campos, que abrangia, em especial, o ensino secundário e superior e as contribuições do já citado Manifesto. Este, por sua vez, formulou proposições fundadas no estudo da situação educacional brasileira e, em que pese a ênfase nos interesses dos estudantes, pautou a discussão sobre as relações entre as instituições de ensino e a sociedade.

A propósito, o texto constitucional apresenta grandes inovações quando comparado aos que o antecedem. No caso, firma a concepção do Estado educador e atribui às três esferas do poder público responsabilidades com a garantia do direito à educação. Também prevê o Plano Nacional de Educação, a organização do ensino em *sistemas*, bem como a instituição dos Conselhos de Educação que, em todos os níveis, recebem incumbências relacionadas à assessoria dos governos, à elaboração do plano de educação e à distribuição de fundos especiais. Por aí, identificam-se, neste campo, as novas pretensões que estavam postas na sociedade.

À Lei, como era de se esperar, não escapou a responsabilidade do poder público com o atendimento escolar do campo. Seu financiamento foi assegurado no Título dedicado à família, à educação e à cultura, conforme o seguinte dispositivo:

Art. 156. A União, os Estados e os Municípios aplicarão nunca menos de dez por cento e o Distrito Federal nunca menos de vinte por cento da renda resultante dos impostos na manutenção e no desenvolvimento dos sistemas educativos.

Parágrafo único. Para realização do ensino nas zonas rurais, a União reservará, no mínimo, vinte por cento das cotas destinadas à educação no respectivo orçamento anual.

Como se vê, no âmbito de um federalismo nacional ainda frágil, o financiamento do atendimento escolar na zona rural está sob a responsabilidade da União e passa a contar, nos termos da legislação vigente, com recursos vinculados à sua manutenção e desenvolvimento. Naquele momento, ao contrário do que se observa posteriormente, a situação rural não é integrada como forma de trabalho, mas aponta para a participação nos direitos sociais.

Para alguns, o precitado dispositivo constitucional pode ser interpretado como um esforço nacional de interiorização do ensino, estabelecendo um contraponto às práticas resultantes do desejo de expansão e de domínio das elites a qualquer custo, em um país que tinha, no campo, a parcela mais numerosa de sua população e a base da sua economia. Para outros, no entanto, a orientação do texto legal representava mais uma estratégia para manter, sob controle, as tensões e conflitos decorrentes de um modelo civilizatório que reproduzia práticas sociais de abuso de poder. Sobre as relações no campo, o poeta Tierra faz uma leitura assaz interessante e consegue iluminar, no presente, como o faz João Cabral de Melo Neto, em seu clássico poema *Morte e Vida Severina,* um passado que tende a se perpetuar.

Os sem-terra afinal
Estão assentados na pleniposse da terra:
De sem-terra passaram a
Com-terra: ei-los
enterrados
desterrados de seu sopro de vida
aterrados
terrorizados
terra que à terra torna
torna
Pleniposseiros terra-

tenentes de uma vala (bala) comum
Pelo avesso afinal
Entranhados no
Lato ventre do
latifúndio
que de im-
produtivo re-
velou-se assim ubérrimo (...)

(Campos,1998)

Em 10 de dezembro de 1937, é decretada a Constituição que sinaliza para a importância da educação profissional no contexto da indústria nascente. Esta modalidade de ensino, destinada às classes menos favorecidas, é considerada, em primeiro lugar, dever do Estado, o qual, para executá-lo, deverá fundar institutos de ensino profissional e subsidiar os de iniciativa privada e de outras esferas administrativas. Essa inovação, além de legitimar as desigualdades sociais nas entranhas do sistema de ensino, não se faz acompanhar de proposições para o ensino agrícola.

Art. 129 [...] É dever das indústrias e dos sindicatos econômicos criar, na esfera da sua especificidade, escolas de aprendizes, destinadas aos filhos de seus operários ou de seus associados. A lei regulará o cumprimento desse dever e os poderes que caberão ao Estado sobre essas escolas, bem como os auxílios, facilidades e subsídios a lhes serem concedidos pelo poder público.

Por outro lado, o artigo 132 do mesmo texto ressalta igualmente a importância do trabalho no campo e nas oficinas para a educação da juventude, admitindo inclusive o financiamento público para iniciativas que retomassem a mesma perspectiva dos chamados Patronatos.

Art. 132. O Estado fundará instituições ou dará o seu auxílio e proteção às fundadas por associações civis, tendo umas e outras por fim organizar para a juventude períodos de trabalho anual nos campos e oficinas, assim como promover-lhe a disciplina moral e o adestramento físico, de maneira a prepará-la ao cumprimento dos seus deveres para com a economia e a defesa da Nação.

No que diz respeito ao ensino primário gratuito e obrigatório, o novo texto institui, em nome da solidariedade para com os mais necessitados, uma contribuição módica e mensal para cada escolar.

Cabe observar que, no período subsequente, ocorreu a regulamentação do ensino profissional, mediante a promulgação das Leis Orgânicas. Algumas delas emergem no contexto do Estado Novo, a exemplo das Leis Orgânicas do Ensino Industrial, do Ensino Secundário e do Ensino Comercial, todas consideradas parciais, em detrimento de uma reestruturação geral do ensino. O país permanecia sem as diretrizes gerais que dessem os rumos para todos os níveis e modalidades de atendimento escolar que deveriam compor o sistema nacional.

No que se refere à Lei Orgânica do Ensino Agrícola, objeto do Decreto-Lei 9.613, de 20 de agosto de 1946, do Governo Provisório, tinha como objetivo principal a preparação profissional para os trabalhadores da agricultura. Seu texto, em que pese a preocupação com os valores humanos e o reconhecimento da importância da cultura geral e da informação científica, bem como o esforço para estabelecer a equivalência do ensino agrícola com as demais modalidades, traduzia as restrições impostas aos que optavam por cursos profissionais destinados aos mais pobres.

Isto é particularmente presente no capítulo que trata das possibilidades de acesso aos estabelecimentos de ensino superior, admitidas para os concluintes do curso técnico-agrícola.

> Art. 14. A articulação do ensino agrícola e deste com outras modalidades de ensino far-se-á nos termos seguintes:
> III - É assegurado ao portador de diploma conferido em virtude da conclusão de um curso agrícola técnico, a possibilidade de ingressar em estabelecimentos de ensino superior para a matrícula **em curso diretamente relacionado** com o curso agrícola técnico concluído, uma vez verificada a satis-

fação das condições de admissão determinadas pela legislação competente.

Além disso, o Decreto reafirmava a educação sexista, mascarada pela declaração de que o direito de ingressar nos cursos de ensino agrícola era igual para homens e mulheres.

>Art. 51. O direito de ingressar nos cursos de ensino agrícola é igual para homens e mulheres.
>Art. 52. No ensino agrícola feminino serão observadas as seguintes prescrições especiais:
>1. É recomendável que os cursos de ensino agrícola para mulheres sejam dados em estabelecimentos de ensino de exclusiva frequência feminina.
>2. Às mulheres não se permitirá, nos estabelecimentos de ensino agrícola, trabalho que, sob o ponto de vista da saúde, não lhes seja adequado.
>3. Na execução de programas, em todos os cursos, ter-se-á em mira a natureza da personalidade feminina e o papel da mulher na vida do lar.
>4. Nos dois cursos de formação do primeiro ciclo incluir-se-á o ensino de economia rural doméstica.

Com isso, o mencionado Decreto incorporou na legislação específica o papel da escola na constituição de identidades hierarquizadas a partir do gênero.

A Constituição de 1946 remonta às diretrizes da Carta de 1934, enriquecida pelas demandas que atualizavam, naquele momento, as grandes aspirações sociais.

No campo da educação, está apoiada nos princípios defendidos pelos Pioneiros e, neste sentido, confere importância ao processo de descentralização sem desresponsabilizar a União pelo atendimento escolar, vincula recursos às despesas com educação e assegura a gratuidade do ensino primário.

O texto também retoma o incremento ao ensino na zona rural, contemplado na Constituição de 1934, mas, diferentemente desta, transfere à empresa privada, inclusive às agrícolas, a responsabilidade pelo custeio desse incremento. No inciso III, do art. 168, fixa como um dos princípios a serem adotados pela legislação de ensino a responsabilidade das empresas com a educação, nos termos a seguir:

> Art. 168. A educação é direito de todos e será dada no lar e na escola. Deve inspirar-se nos princípios de liberdade e nos ideais de solidariedade humana.
> I ...
> II ...
> III - as empresas industriais, comerciais e agrícolas, em que trabalham mais de cem pessoas, são obrigadas a manter ensino primário gratuito para os seus servidores e para os filhos destes;

Esclareça-se, ademais, que o inciso transcrito, em sendo uma norma de princípio, tinha eficácia jurídica limitada, desde que dependia de lei ordinária para produzir efeitos práticos. Ao contrário, o artigo 156 da Constituição de 1934, a que acima nos referimos, era uma norma de eficácia plena, que poderia produzir efeitos imediatos e por si mesma, não necessitando de lei ordinária que a tornasse operacional.

Registre-se, enfim, que, também como princípio balizador da legislação de ensino, a Constituição de 1946, no inciso IV do mesmo artigo 168, retoma a obrigatoriedade de as empresas industriais e comerciais ministrarem, em cooperação, a aprendizagem de seus trabalhadores menores, excluindo desta obrigatoriedade as empresas agrícolas, como já havia ocorrido na Carta de 1937, o que denota o desinteresse do Estado pela aprendizagem rural, pelo menos a ponto de emprestar-lhe status constitucional.

Na Constituição de 1967, identifica-se a obrigatoriedade de as empresas convencionais agrícolas e industriais oferecerem, pela forma que a lei estabelece, o ensino primário gratuito de seus empregados e dos filhos destes. Ao mesmo tempo determinava, como nas cartas de 37 e 46, que apenas as empresas comerciais e industriais, excluindo-se, portanto, as agrícolas, estavam obrigadas a ministrar, em cooperação, aprendizagem aos seus trabalhadores menores.

Em 1969, promulgada a emenda à Constituição de 24 de janeiro de 1967, identificavam-se, basicamente, as mesmas normas, apenas limitando a obrigatoriedade das empresas, inclusive das agrícolas, ao ensino primário gratuito dos filhos dos empregados, entre os sete e quatorze anos. Deixava antever, por outro lado, que tal ensino poderia ser possibilitado diretamente pelas empresas que o desejassem, ou, indiretamente, mediante a contribuição destas com o salário educação, na forma que a lei viesse a estabelecer.

Do mesmo modo, esse texto determinou que as empresas comerciais e industriais deveriam, além de assegurar condições de aprendizagem aos seus trabalhadores menores, promover o preparo de todo o seu pessoal qualificado. Mais uma vez, as empresas agrícolas ficaram isentas dessa obrigatoriedade.

Quanto ao texto da Carta de 1988, pode-se afirmar que proclama a educação como direito de todos e dever do Estado, transformando-a em direito público subjetivo, independentemente dos cidadãos residirem nas áreas urbanas ou rurais. Deste modo, os princípios e preceitos constitucionais da educação abrangem todos os níveis e modalidades de ensino ministrados em qualquer parte do país.

Assim sendo, apesar de não se referir direta e especificamente ao ensino rural no corpo da Carta, possibilitou às Constituições Estaduais e à Lei de Diretrizes e Bases da Educação Nacional – LDB – o tratamento da educação rural no âmbito do direito à igualdade e do respeito às diferenças.

Ademais, quando estabelece no art. 62, do ato das Disposições Constitucionais Transitórias, a criação do Serviço Nacional de Aprendizagem Rural (Senar), mediante lei específica, reabre a discussão sobre educação do campo e a definição de políticas para o setor.

Finalmente, há que se registrar na abordagem dada pela maioria dos textos constitucionais, um tratamento periférico da educação escolar do campo. É uma perspectiva residual e condizente, salvo conjunturas específicas, com interesses de grupos hegemônicos na sociedade. As alterações nesta tendência, quando identificadas, decorrem da presença dos movimentos sociais do campo no cenário nacional. É dessa forma que se pode explicar a realização da Conferência Nacional "Por Uma Educação Básica do Campo", que teve como principal mérito recolocar, sob outras bases, o rural, e a educação que a ele se vincula.

A propósito, se nos ativermos às Constituições Estaduais, privilegiando-se o período que se segue à promulgação da Carta Magna de 1988, marco indelével do movimento de redemocratização no país, pode-se dizer que nem todas as Cartas fazem referências ao respeito que os sistemas devem ter às especificidades do ensino rural, quando tratam das diferenças culturais e regionais.

1 Educação Rural nas Constituições estaduais brasileiras

Em geral, as Constituições dos Estados abordam a escola no espaço do campo, determinando a adaptação dos currículos, dos calendários e de outros aspectos do ensino rural às necessidades e características dessa região.

Alguns Estados apontam para a expansão do atendimento escolar, propondo, no texto da Lei, a intenção de interiorizar o ensino, ampliando as vagas e melhorando o parque escolar nessa região.

Também está presente, nas Constituições, a determinação de medidas que valorizem o professor que atua no campo e a proposição de formas de efetivá-las.

Na verdade, os legisladores não conseguem o devido distanciamento do paradigma urbano. A idealização da cidade, que inspira a maior parte dos textos legais, encontra na palavra adaptação, utilizada repetidas vezes, a recomendação de tornar acessível ou de ajustar a educação escolar nos termos da sua oferta na cidade às condições de vida do campo. Quando se trata da educação profissional igualmente presente em várias Cartas Estaduais, os princípios e normas relativos à implantação e expansão do ensino profissionalizante rural mantêm a perspectiva residual dessa modalidade de atendimento.

Cabe, no entanto, um especial destaque à Constituição do Rio Grande do Sul. É a única unidade da federação que inscreve a educação do campo no contexto de um projeto estruturador para o conjunto do país. Neste sentido, ao encontrar o significado do ensino agrícola no processo de implantação da reforma agrária, supera a abordagem compensatória das políticas para o setor e aponta para as *aspirações de liberdade política, de igualdade social, de direito ao trabalho, à terra, à saúde e ao conhecimento dos(as) trabalhadores (as) rurais.*

2 Educação Rural e características regionais

Alguns estados apenas preveem, de forma genérica, o respeito às características regionais na organização e operacionalização de seu sistema educacional, sem incluir, em suas Cartas, normas e/ou princípios voltados especificamente para o ensino rural. É o caso do Acre que, no art. 194, II, estabelece que, na estruturação dos currículos, dever-se-ão incluir conteúdos voltados para a representação dos valores culturais, artísticos e ambientais da região.

Com redações diferentes, o mesmo princípio é proclamado nas Constituições do Espírito Santo, Mato Grosso, Paraná e Pernambuco. Em outros Estados, tal diretriz também está expressa nas Constituições, mas juntamente com outras que se referem, de forma mais específica e concreta, à Educação Rural. É o que se observa, por exemplo, nas Cartas da Bahia, de Minas Gerais e da Paraíba.

Ao lado disso, observa-se que algumas Cartas estaduais trazem referências mais específicas à educação rural, determinando, na oferta da educação básica para a população do campo, adaptações concretas inerentes às características e peculiaridades desta. É o que ocorre nos Estados de Alagoas, Bahia, Ceará, Maranhão, Sergipe e Tocantins, que prescrevem sejam os calendários escolares da zona rural adequados aos calendários agrícolas e às manifestações relevantes da cultura regional.

O Maranhão, por exemplo, inseriu, no § 1º do artigo 218 de sua Constituição, norma determinando que, na elaboração do calendário das escolas rurais, o poder público deve levar em consideração as estações do ano e seus ciclos agrícolas. Já o Estado de Sergipe, no artigo 215, § 3º da Carta Política, orienta que o calendário da zona rural seja estabelecido de modo a permitir que as férias escolares coincidam com o período de cultivo do solo.

Essa orientação também é identificada nos Estados do Pará, Paraíba, Roraima, Santa Catarina, Sergipe e Tocantins, que determinam a fixação de currículos para a zona rural consentâneos com as especificidades culturais da população escolar.

Neste aspecto, a Constituição paraense, no artigo 281, IV, explicita que o plano estadual de educação deverá conter, entre outras, medidas destinadas ao estabelecimento de modelos de ensino rural que considerem a realidade estadual específica. A Constituição de Roraima, no art. 149, II, diz que os conteúdos mínimos para o ensino fundamental e médio serão fixados de maneira a assegurar, além da formação básica, currículos adaptados aos meios urbanos e rural, visando ao desenvolvimento da capacidade de análise e reflexão crítica sobre a realidade. A Constituição de Sergipe, no art. 215, VIII, manda que se organizem currículos capazes de assegurar a formação prática e o acesso aos valores culturais, artísticos e históricos nacionais e regionais.

3 Expansão da rede de Ensino Rural e valorização do Magistério

Alguns Estados inseriram, em suas constituições, normas programáticas que possibilitam a expansão do ensino rural e a melhoria de sua qualidade, bem como a valorização do professor que atua no campo.

Neste caso, temos o Estado do Amapá, que, no inciso XIV do artigo 283 de sua Carta, declara ser dever do Estado garantir o oferecimento de infraestrutura necessária aos professores e profissionais da área de educação, em escolas do interior; a Constituição da Paraíba, no artigo 211, prescreve caber ao Estado, em articulação com os Municípios, promover o mapeamento escolar, estabelecendo critérios para a ampliação e a interiorização da rede escolar pública; o Rio Grande do Sul, no artigo 216 de sua Carta, estabelece que, na área rural, para cada grupo de escolas de Ensino Fundamental incompleto, haverá uma escola central de Ensino Fundamental completo, visando, com isto, assegurar o número de vagas suficientes para absorver os alunos da área. Essas escolas centrais, segundo o § 4º do mesmo artigo, serão indicadas pelo Conselho Municipal de Educação; Tocantins, no artigo 136 de sua Constituição, assegura ao profissional do magistério da zona rural isonomia de vencimentos com os da zona urbana, observado o nível de formação.

4 O Ensino Profissionalizante Agrícola

Enfim, há de se destacar que um conjunto de Estados-membros enfatizam, em suas Constituições, o ensino profissionalizante rural, superando, nos mencionados textos, a visão assistencialista que acompanha essa modalidade de educação desde suas origens. Eis alguns deles, como se verifica nas Cartas a seguir:

a) Amapá, no inciso XV do artigo 283 de sua Constituição, estabelece, como dever do Estado, promover a expansão de estabelecimentos oficiais aptos a oferecer cursos gratuitos de ensino técnico-industrial, agrícola e comercial. No parágrafo único do artigo 286, esta mesma Carta determina que o Estado deverá inserir nos currículos, entre outras matérias de caráter regional como História do Amapá, Cultura do Amapá, Educação Ambiental e Estudos Amazônicos, também Técnica Agropecuária e Pesqueira.

b) A Constituição do Ceará, no § 6º do artigo 231, determina que as escolas rurais do Estado devem obrigatoriamente instituir o ensino de cursos profissionalizantes. O § 8º do mesmo artigo, norma de característica programática, prevê que, em cada microrregião do Estado, será implantada uma escola técnico-agrícola, cujos currículos e calendários escolares devem ser adequados à realidade local.

c) A Carta do Mato Grosso do Sul, em seu artigo 154, dentre os princípios e normas de organização do sistema estadual de ensino, insere a obrigatoriedade de o Estado fixar diretrizes para o ensino rural e técnico, que será, quando possível, gratuito e terá em vista a formação de profissionais e trabalhadores especializados, de acordo com as condições e necessidades do mercado de trabalho.

d) Minas Gerais, no artigo 198 de sua Lei Maior, determina que o poder público garantirá a educação, através, entre outros mecanismos, da expansão da rede de estabelecimentos oficiais que ofereçam cursos de ensino técnico-industrial, agrícola e comercial, observadas as características regionais e as dos grupos sociais.

e) O Pará, no artigo 280 de sua Constituição, diz que o Estado é obrigado a expandir, concomitantemente, o Ensino Médio através da criação de escolas técnico-agrícolas ou industriais.

f) O Rio Grande do Sul proclama, em seu texto constitucional, artigo 217, que o Estado elaborará política para o Ensino Fundamental e Médio de orientação e formação profissional, visando, entre outras finalidades, auxiliar, através do ensino agrícola, na implantação da reforma agrária.

g) Rondônia, no artigo 195 de sua Carta, autoriza o Estado a criar escolas técnicas, agrotécnicas e industriais, atendendo às necessidades regionais de desenvolvimento. O mesmo artigo determina, em seu parágrafo único, seja a implantação dessas escolas incluída no plano de desenvolvimento do Estado.

Como se vê, em que pese o esforço para superar, em alguns Estados, uma visão assistencialista das normas relativas à educação e formação profissional específica, nem todas as Constituições explicitam a relação entre a educação escolar e o processo de constituição da cidadania, a partir de um projeto social e político que disponibilize *uma imagem do futuro que se pretende construir* e a opção por um *caminho que se pretende seguir* no processo de reorganização coletiva e solidária da sociedade.

Nos dias atuais, considerando que a nova legislação aborda a formação profissional sob a ótica dos direitos à educação e ao trabalho, cabe introduzir algumas considerações sobre as atuais diretrizes para a educação profissional no Brasil, elaboradas pela Câmara da Educação Básica do Conselho Nacional de Educação. Essas diretrizes traduzem a orientação contida nas Cartas Constitucionais Federal e Estadual, se não em todas, no mínimo na maioria delas, incorporando, ao mesmo tempo, os impactos das mudanças que perpassam incessantemente a sociedade em que vivemos. Aprovadas em 05 de outubro de 1999, tais normas estabeleceram 20 áreas de formação profissional, entre elas a de agropecuária, como referência para a organização dessa modalidade de atendimento educacional.

Lembre-se ainda que, não sendo possível, no momento, consultar todas as Leis Orgânicas Municipais, torna-se necessário proceder a sua leitura com o propósito, em cada Município, de ampliar as assimilações específicas sobre a matéria.

5 Território da Educação Rural na Lei de Diretrizes e Bases da Educação Nacional - LDB

[...] A Liberdade da Terra não é assunto de lavradores.
A Liberdade da Terra é assunto de todos.
Quantos não se alimentam do fruto da terra.
Do que vive, sobrevive do salário.
Do que é impedido de ir à escola.
Dos meninos e meninas de rua.
Das prostitutas. Dos ameaçados pelo Cólera.
Dos que amargam o desemprego.
Dos que recusam a morte do sonho.
A liberdade da Terra e a Paz do campo tem um nome.
Hoje viemos cantar no coração da cidade para que
ela ouça nossas canções.

(Pedro Tierra)

A Lei 4.024, de 20 de dezembro de 1961, resultou de um debate que se prolongou durante 13 anos, gerando expectativas diversas a respeito do avanço que o novo texto viria a representar para a organização da educação nacional. O primeiro anteprojeto e os demais substitutivos apresentados deram visibilidade ao acirrado embate que se estabeleceu na sociedade em torno do tema. O anteprojeto, elaborado pelo GT indicado sob a orientação do ministro Clemente Marianni, representou o primeiro esforço de regulamentação do previsto na Carta Magna – 1946. Este, além de reforçar o dispositivo constitucional, expressa as mudanças que perpassavam a sociedade em seu conjunto. Logo em seguida, diversos substitutivos, entre os quais os que foram apresentados por Carlos Lacerda, redirecionaram o foco da discussão. Enquanto o primeiro anteprojeto se revelava afinado com as necessidades educacionais do conjunto da sociedade, dando ênfase ao ensino público, a maior parte desses substitutivos, em nome da liberdade, representava os interesses das escolas privadas.

Em resposta, os defensores da escola pública retomaram os princípios orientadores do anteprojeto inicial, apresentando um substitutivo elaborado com a participação de diversos segmentos da sociedade.

Quanto ao ensino rural, é possível afirmar que a Lei não traduz grandes preocupações com a diversidade. O foco é dado à integração, exposta, por sua vez, no artigo 57, quando recomenda a realização da formação dos educadores que vão atuar nas escolas rurais primárias, em estabelecimentos que lhes prescrevam *a integração no meio*. Acrescente-se a isso o disposto no artigo 105 a respeito do apoio que poderá ser prestado pelo poder público às iniciativas que mantenham na zona rural instituições educativas orientadas *para adaptar* o *homem ao meio* e estimular vocações e atividades profissionais. No mais, a Lei atribui às empresas responsabilidades com a manutenção de ensino primário gratuito sem delimitar faixa etária.

> Art. 31. As empresas industriais, comerciais e agrícolas, em que trabalhem mais de 100 pessoas, são obrigadas a manter o ensino primário gratuito para os seus servidores e os filhos desses.

Com vistas ao cumprimento dessa norma, são admitidas alternativas tais como: instalação de escolas públicas nas propriedades, instituição de bolsas, manutenção de escolas pelos proprietários rurais e ainda a criação de condições que facilitem a frequência dos interessados às escolas mais próximas.

Por último, resta considerar que o ensino técnico de grau médio inclui o curso agrícola, cuja estrutura e funcionamento obedecem ao padrão de dois ciclos: o primeiro, o ginasial, com duração de quatro anos e o segundo, o colegial, com duração mínima de três anos.

Nada, portanto, que evidencie a racionalidade da educação no âmbito de um processo de desenvolvimento que responda aos interesses da população rural em sintonia com as aspirações de todo povo brasileiro.

Em 11 de agosto de 1971, é sancionada a Lei n. 5.692, que fixa diretrizes e bases para o ensino de 1º e 2º graus, e dá outras providências.

A propósito da educação rural, não se observa, mais uma vez, a inclusão da população na condição de protagonista de um projeto social global. Propõe, ao tratar da formação dos profissionais da educação, o ajustamento às diferenças culturais. Também prevê a adequação do período de férias à época de plantio e colheita de safras e, quando comparado ao texto da Lei 4.024/61, a 5.692 reafirma o que foi disposto em relação à educação profissional. De fato, o trabalho do campo realizado pelos alunos conta com uma certa cumplicidade da Lei, que se constitui a referência para organizar, inclusive, os calendários. Diferentemente dos tempos atuais, em que o direito à educação escolar prevalece, e cabe ao poder público estabelecer programas de erradicação das atividades impeditivas de acesso e permanência dos alunos no ensino obrigatório.

Mais recentemente, os impactos sociais e as transformações ocorridas no campo influenciaram decisivamente nas diretrizes e bases da oferta e do financiamento da educação escolar.

À luz dos artigos 208 e 210 da Carta Magna – 1988, e inspirada, de alguma forma, numa concepção de mundo rural enquanto espaço específico, diferenciado e, ao mesmo tempo, integrado no conjunto da sociedade, a Lei 9.394/96 – LDB estabelece que:

> Art. 28. Na oferta da educação básica para a população rural, os sistemas de ensino promoverão as adaptações necessárias à sua adequação às peculiaridades da vida rural e de cada região, especialmente:
> I. conteúdos curriculares e metodologias apropriadas às reais necessidades e interesses dos alunos da zona rural;
> II. organização escolar própria, incluindo a adequação do calendário escolar às fases do ciclo agrícola e às condições climáticas;
> III. adequação à natureza do trabalho na zona rural.

Neste particular, o legislador inova. Ao submeter o processo de adaptação à adequação, institui uma nova forma de sociabilidade no âmbito da política de atendimento escolar em nosso país. Não mais se satisfaz com a adaptação pura e simples. Reconhece a diversidade sociocultural e o direito à igualdade e à diferença, possibilitando a definição de diretrizes operacionais para a educação rural sem, no entanto, recorrer a uma lógica exclusiva e de ruptura com um projeto global de educação para o país.

Neste sentido, é do texto da mencionada lei, no artigo 26, a concepção de uma base nacional comum e de uma formação básica do cidadão que contemple as especificidades regionais e locais.

> Art. 26. Os currículos do ensino fundamental e médio devem ter uma base nacional comum, a ser complementada, em cada sistema de ensino e estabelecimento escolar, por uma parte diversificada, exigida pelas características regionais e locais da sociedade, da cultura, da economia e da clientela.

Além disso, se os incisos I e II do artigo 28 forem devidamente valorizados, poder-se-ia concluir que o texto legal recomenda levar em conta, nas finalidades, nos conteúdos e na metodologia, os processos próprios de aprendizagem dos estudantes e o específico do campo.

Ora, se o específico pode ser entendido também como exclusivo, relativo ou próprio de indivíduos, ao combinar os artigos 26 e 28, não se pode concluir apenas por ajustamento. Assim, parece recomendável, por razões da própria Lei, que a exigência mencionada no dispositivo pode ir além da reivindicação de acesso, inclusão e pertencimento.

E, neste ponto, o que está em jogo é definir, em primeiro lugar, aquilo no qual se pretende ser incluído, respeitando-se a diversidade e acolhendo as diferenças sem transformá-las em desigualdades. A discussão da temática tem a ver, neste particular, com a cidadania e a democracia, no âmbito de um projeto de desenvolvimento, onde as pessoas se inscrevem como sujeitos de direitos.

Assim, a decisão de propor diretrizes operacionais para a educação básica do campo supõe, em primeiro lugar, a identificação de um modo próprio de vida social e de utilização do espaço, delimitando o que é rural e urbano sem perder de vista o nacional.

A propósito, duas abordagens podem ser destacadas na delimitação desses espaços e, neste aspecto, em que pese ambas considerarem que o rural e o urbano constituem pólos de um mesmo *continuum*, divergem quanto ao entendimento das relações que se estabelecem entre os mesmos.

Assim, uma delas, a visão urbano-centrada, privilegia o pólo urbano do *continuum*, mediante um processo de homogeneização espacial e social que subordina o pólo rural. No caso, pode-se dizer que o rural hoje só pode ser entendido como um *continuum* urbano... O meio rural se urbanizou nas últimas décadas, como resultado do processo de industrialização da agricultura, de um lado, e, do outro, do transbordamento do mundo urbano naquele espaço que tradicionalmente era definido como rural.

Mais forte ainda é o pensamento que interpreta o firmar-se do campo exclusivamente a partir da cidade, considerando urbano o território no qual a cidade está fisicamente assentada e rural o que se apreende fora deste limite. No bojo desse pensamento, os camponeses são apreendidos, antes de tudo, como os executores da parte rural da economia urbana, sem autonomia e projeto próprio, negando-se a sua condição de sujeito individual ou coletivo autônomo.

Em resumo, há, no plano das relações, uma dominação do urbano sobre o rural que exclui o trabalhador do campo da totalidade definida pela representação urbana da realidade. Com esse entendimento, é possível concluir pelo esvaziamento do rural como espaço de referência no processo de constituição de identidades, desfocando-se a hipótese de um projeto de desenvolvimento apoiado, entre outros, na perspectiva de uma educação escolar para o campo. No máximo, seria necessário decidir por iniciativas advindas de políticas compensatórias e destinadas a setores cujas referências culturais e políticas são concebidas como atrasadas.

Mas essa é apenas uma forma de explicar como se dá a relação urbano-rural em face das transformações do mundo contemporâneo, em especial, a partir do surgimento de um novo ator ao qual se abre a possibilidade de exercer, no campo, as atividades agrícolas e não agrícolas e, ainda, combinar o estatuto de empregado com o de trabalhador por conta própria.

O problema posto, quando se projeta tal entendimento para a política de educação escolar, é o de afastar a escola da temática do rural: a retomada de seu passado e a compreensão do presente, tendo em vista o exercício do direito de ter direito a definir o futuro no qual os brasileiros, 30 milhões, no contexto dos vários rurais, pretendem ser incluídos.

Na verdade, diz bem Arroyo que o forte dessa perspectiva é propor a adaptação de um modelo único de educação aos que se encontram *fora do lugar,* como se não existisse um movimento social, cultural e identitário que afirma o direito à terra, ao trabalho, à dignidade, à cultura e à educação.

Isso é verdadeiro, inclusive para o Plano Nacional de Educação – PNE, recentemente aprovado no Congresso. Este – em que pese requerer um tratamento diferenciado para a escola rural e prever em seus objetivos e metas formas flexíveis de organização escolar para a zona rural, bem como a adequada formação profissional dos professores, considerando as especificidades do alunado e as exigências do meio – recomenda, numa clara alusão ao modelo urbano, a organização do ensino em séries. Cabe ressaltar, no entanto, que as formas flexíveis não se restringem ao regime seriado. Estabelecer entre as diretrizes a ampliação de anos de escolaridade é uma coisa. Outra coisa é determinar que tal processo se realize através da organização do ensino em série.

> É diretriz do PNE:
> (...) a oferta do Ensino Fundamental precisa chegar a todos os recantos do País e a ampliação da oferta das quatro **séries** regulares em substituição às classes isoladas unidocentes é meta a ser perseguida, consideradas as peculiaridades regionais e a sazonalidade.

De modo equivalente, o item *objetivos e metas* do mesmo texto remete à organização em séries:
Objetivos e metas
16. Associar as classes isoladas unidocentes remanescentes a escolas de, pelo menos, quatro **séries** completas.

É necessário, neste ponto, para preservar o eixo da flexibilidade que perpassa a LDB, abrindo inúmeras possibilidades de organização do ensino, remeter ao disposto no seu art. 23 que desvela a clara adesão da Lei à multiplicidade das realidades que contextualizam a proposta pedagógica das escolas.

Art. 23. A educação básica poderá organizar-se em séries anuais, períodos semestrais, ciclos, alternância regular de períodos de estudos, grupos não seriados, com base na idade, na competência e em outros critérios, ou por forma diversa de organização, sempre que o interesse do processo de aprendizagem assim o recomendar.

Por outro lado, uma segunda abordagem na análise das relações que se estabelecem entre os pólos do *continuum* urbano-rural, tem fundamentado no Brasil a defesa de uma proposta de desenvolvimento do campo à qual está vinculada a educação escolar. É uma perspectiva que identifica, no espaço local, o lugar de encontro entre o rural e o urbano, onde, segundo estudos de Wanderley, as especificidades se manifestam no plano das identificações e das reivindicações na vida cotidiana, desenhando uma rede de relações recíprocas que reiteram e viabilizam as particularidades dos citados pólos.

E, neste particular, o campo hoje não é sinônimo de agricultura ou de pecuária. Há traços do mundo urbano que passam a ser incorporados no modo de vida rural, assim como há traços do mundo camponês que resgatam valores sufocados pelo tipo de urbanização vigente. Assim sendo, a inteligência sobre o campo é também a inteligência sobre o modo de produzir as condições de existência em nosso país.

Como se verifica, a nitidez das fronteiras utiliza critérios que escapam à lógica de um funcionamento e de uma reprodução exclusivos, confirmando uma relação que integra e aproxima espaços sociais diversos.

Por certo, este é um dos princípios que apoia, no caso do disciplinamento da aplicação dos recursos destinados ao financiamento do Ensino Fundamental, o disposto na Lei n. 9.424/96 que regulamenta o Fundef. No art. 2º, § 2º, a Lei estabelece a diferenciação de custo por aluno, reafirmando a especificidade do atendimento escolar no campo, nos seguintes termos:

> Art. 2º. Os recursos do Fundo serão aplicados na manutenção e no desenvolvimento do ensino fundamental público e na valorização de seu magistério.
> § 1º ...
> § 2º. A distribuição a que se refere o parágrafo anterior, a partir de 1998, deverá considerar, ainda, a diferenciação de custo por alunos segundo os níveis de ensino e tipos de estabelecimentos, adotando-se a metodologia do cálculo e as correspondentes ponderações, de acordo com os seguintes componentes:
> I – 1ª a 4ª séries;
> II – 5ª a 8ª séries;
> III – estabelecimento de ensino especial;
> IV – escolas rurais.

Trata-se, portanto, de um esforço para indicar, nas condições de financiamento do Ensino Fundamental, a possibilidade de alterar a qualidade da relação entre o rural e o urbano, contemplando-se a diversidade sem consagrar a relação entre um espaço dominante, o urbano, e a periferia dominada, o rural. Para tanto, torna-se importante explicitar a necessidade de um maior aporte de recursos para prover as condições necessárias ao funcionamento de escolas do campo, tendo em vista, por exemplo, a menor densidade populacional e a relação professor/aluno.

Torna-se urgente o cumprimento rigoroso e exato dos dispositivos legais por todos os entes federativos, assegurando-se o respeito à diferenciação dos custos, tal como já vem ocorrendo com a Educação Especial e os anos finais do Ensino Fundamental.

Assim, por várias razões, conclui-se que esse Parecer tem a marca da provisoriedade. Sobra muita coisa para fazer. Seus vazios serão preenchidos sobretudo pelos significados gerados no esforço de adequação das diretrizes aos diversos setores rurais e sua abertura, sabe-se, na prática, será conferida pela capacidade de os diversos sistemas de ensino universalizarem um atendimento escolar que emancipe a população e, ao mesmo tempo, *libere o país para o futuro* solidário e a vida democrática.

II – Voto da Relatora

À luz do exposto e analisado, em obediência ao artigo 9º da Lei 9.131/95, que incumbe à Câmara de Educação Básica a deliberação sobre Diretrizes Curriculares Nacionais, a relatora vota no sentido de que seja aprovado o texto ora proposto como base do Projeto de Resolução que fixa as Diretrizes Operacionais para a Educação Básica nas escolas do campo.

Brasília (DF), 04 de dezembro de 2001.
Conselheira Edla de Araújo Lira Soares – Relatora

III – Decisão da Câmara

A Câmara de Educação Básica aprova por unanimidade o voto da Relatora.
Sala das Sessões, em 04 de dezembro de 2001

Conselheiro Francisco Aparecido Cordão – Presidente

Conselheiro Carlos Roberto Jamil Cury – Vice-Presidente

Conselho Nacional de Educação
Câmara de Educação Básica
Resolução CNE/CEB 1, de 3 de Abril de 2002. [*]

Institui Diretrizes Operacionais para a Educação Básica nas Escolas do Campo.

O Presidente da Câmara da Educação Básica, reconhecido o modo próprio de vida social e o de utilização do espaço do campo como fundamentais, em sua diversidade, para a constituição da identidade da população rural e de sua inserção cidadã na definição dos rumos da sociedade brasileira, e tendo em vista o disposto na Lei n. 9.394, de 20 de dezembro de 1996 – LDB, na Lei n. 9.424, de 24 de dezembro de 1996, e na Lei n. 10.172, de 9 de janeiro de 2001, que aprova o Plano Nacional de Educação, e no Parecer CNE/CEB 36/2001, homologado pelo Senhor Ministro de Estado da Educação em 12 de março de 2002, resolve:

Art. 1º. A presente Resolução institui as Diretrizes Operacionais para a Educação Básica nas escolas do campo a serem observadas nos projetos das instituições que integram os diversos sistemas de ensino.

Art. 2º. Estas Diretrizes, com base na legislação educacional, constituem um conjunto de princípios e de procedimentos que visam adequar o projeto institucional das escolas do campo às Diretrizes Curriculares Nacionais para a Educação Infantil, o Ensino Fundamental e Médio, a Educação de Jovens e Adultos, a Educação Especial, a Educação Indígena, a Educação Profissional de Nível Técnico e a Formação de Professores em Nível Médio na modalidade Normal.

Parágrafo único. A identidade da escola do campo é definida pela sua vinculação às questões inerentes à sua realidade, ancorando-se na temporalidade e saberes próprios dos estudantes, na memória coletiva que sinaliza futuros, na rede de ciência e tecnologia disponível na sociedade e nos movimentos sociais

---

[*] CNE. Resolução CNE/CEB 1/2002. Diário Oficial da União, Brasília, 9 de abril de 2002. Seção 1, p. 32.

em defesa de projetos que associem as soluções exigidas por essas questões à qualidade social da vida coletiva no país.

Art. 3º. O Poder Público, considerando a magnitude da importância da educação escolar para o exercício da cidadania plena e para o desenvolvimento de um país cujo paradigma tenha como referências a justiça social, a solidariedade e o diálogo entre todos, independente de sua inserção em áreas urbanas ou rurais, deverá garantir a universalização do acesso da população do campo à Educação Básica e à Educação Profissional de Nível Técnico.

Art. 4º. O projeto institucional das escolas do campo, expressão do trabalho compartilhado de todos os setores comprometidos com a universalização da educação escolar com qualidade social, constituir-se-á num espaço público de investigação e articulação de experiências e estudos direcionados para o mundo do trabalho, bem como para o desenvolvimento social, economicamente justo e ecologicamente sustentável.

Art. 5º. As propostas pedagógicas das escolas do campo, respeitadas as diferenças e o direito à igualdade e cumprindo imediata e plenamente o estabelecido nos artigos 23, 26 e 28 da Lei 9.394, de 1996, contemplarão a diversidade do campo em todos os seus aspectos: sociais, culturais, políticos, econômicos, de gênero, geração e etnia.

Parágrafo único. Para observância do estabelecido neste artigo, as propostas pedagógicas das escolas do campo, elaboradas no âmbito da autonomia dessas instituições, serão desenvolvidas e avaliadas sob a orientação das Diretrizes Curriculares Nacionais para a Educação Básica e a Educação Profissional de Nível Técnico.

Art. 6º. O Poder Público, no cumprimento das suas responsabilidades com o atendimento escolar e à luz da diretriz legal do regime de colaboração entre a União, os Estados, o Distrito Federal e os Municípios, proporcionará Educação Infantil e Ensino Fundamental nas comunidades rurais, inclusive para aqueles que não o concluíram na idade prevista, cabendo em especial aos Estados garantir as condições necessárias para o acesso ao Ensino Médio e à Educação Profissional de Nível Técnico.

Art. 7º. É de responsabilidade dos respectivos sistemas de ensino, através de seus órgãos normativos, regulamentar as estratégias específicas de atendimento escolar do campo e a flexibilização da organização do calendário escolar, salvaguardando, nos diversos espaços pedagógicos e tempos de aprendizagem, os princípios da política de igualdade.

§ 1°. O ano letivo, observado o disposto nos artigos 23, 24 e 28 da LDB, poderá ser estruturado independente do ano civil.

§ 2°. As atividades constantes das propostas pedagógicas das escolas, preservadas as finalidades de cada etapa da Educação Básica e da modalidade de ensino prevista, poderão ser organizadas e desenvolvidas em diferentes espaços pedagógicos, sempre que o exercício do direito à educação escolar e o desenvolvimento da capacidade dos alunos de aprender e de continuar aprendendo assim o exigirem.

Art. 8°. As parcerias estabelecidas, visando ao desenvolvimento de experiências de escolarização básica e de educação profissional, sem prejuízo de outras exigências que poderão ser acrescidas pelos respectivos sistemas de ensino, observarão:

I - articulação entre a proposta pedagógica da instituição e as Diretrizes Curriculares Nacionais para a respectiva etapa da Educação Básica ou Profissional;

II - direcionamento das atividades curriculares e pedagógicas para um projeto de desenvolvimento sustentável;

III - avaliação institucional da proposta e de seus impactos sobre a qualidade da vida individual e coletiva;

IV - controle social da qualidade da educação escolar, mediante a efetiva participação da comunidade do campo.

Art. 9°. As demandas provenientes dos movimentos sociais poderão subsidiar os componentes estruturantes das políticas educacionais, respeitado o direito à educação escolar, nos termos da legislação vigente.

Art. 10. O projeto institucional das escolas do campo, considerado o estabelecido no artigo 14 da LDB, garantirá a gestão democrática, constituindo mecanismos que possibilitem estabelecer relações entre a escola a comunidade local, os movimentos sociais, os órgãos normativos do sistema de ensino e os demais setores da sociedade.

Art. 11. Os mecanismos de gestão democrática, tendo como perspectiva o exercício do poder nos termos do disposto no parágrafo 1º do artigo 1º da Carta Magna, contribuirão diretamente:

I - para a consolidação da autonomia das escolas e o fortalecimento dos conselhos que propugnam por um projeto de desenvolvimento que torne possível à população do campo viver com dignidade;

II - para a abordagem solidária e coletiva dos problemas do campo, estimulando a autogestão no processo de elaboração, desenvolvimento e avaliação das propostas pedagógicas das instituições de ensino.

Art. 12. O exercício da docência na Educação Básica, cumprindo o estabelecido nos artigos 12, 13, 61 e 62 da LDB e nas Resoluções 3/1997 e 2/1999, da Câmara da Educação Básica, assim como os Pareceres 9/2002, 27/2002 e 28/2002 e as Resoluções 1/2002 e 2/2002 do Pleno do Conselho Nacional de Educação, a respeito da formação de professores em nível superior para a Educação Básica, prevê a formação inicial em curso de licenciatura, estabelecendo como qualificação mínima, para a docência na Educação Infantil e nos anos iniciais do Ensino Fundamental, o curso de formação de professores em Nível Médio, na modalidade Normal.

Parágrafo único. Os sistemas de ensino, de acordo com o artigo 67 da LDB desenvolverão políticas de formação inicial e continuada, habilitando todos os professores leigos e promovendo o aperfeiçoamento permanente dos docentes.

Art. 13. Os sistemas de ensino, além dos princípios e diretrizes que orientam a Educação Básica no país, observarão, no processo de normatização complementar da formação de professores para o exercício da docência nas escolas do campo, os seguintes componentes:

I - estudos a respeito da diversidade e o efetivo protagonismo das crianças, dos jovens e dos adultos do campo na construção da qualidade social da vida individual e coletiva, da região, do país e do mundo;

II - propostas pedagógicas que valorizem, na organização do ensino, a diversidade cultural e os processos de interação e transformação do campo, a gestão democrática, o acesso ao avanço científico e tecnológico e respectivas contribuições para a melhoria das condições de vida e a fidelidade aos princípios éticos que norteiam a convivência solidária e colaborativa nas sociedades democráticas.

Art. 14. O financiamento da educação nas escolas do campo, tendo em vista o que determina a Constituição Federal, no artigo 212 e no artigo 60 dos Atos das Disposições Constitucionais Transitórias, a LDB, nos artigos 68, 69, 70 e 71, e a regulamentação do Fundo de Manutenção e Desenvolvimento do Ensino Fundamental e de Valorização do Magistério – Lei 9.424, de 1996, será assegurado mediante cumprimento da legislação a respeito do financiamento da educação escolar no Brasil.

Art. 15. No cumprimento do disposto no § 2º, do art. 2º, da Lei 9.424, de 1996, que determina a diferenciação do custo-aluno com vistas ao financiamento da educação escolar nas escolas do campo, o Poder Público levará em consideração:

I - as responsabilidades próprias da União, dos Estados, do Distrito Federal e dos Municípios com o atendimento escolar em todas as etapas e modalidades da Educação Básica, contemplada a variação na densidade demográfica e na relação professor/aluno;

II - as especificidades do campo, observadas no atendimento das exigências de materiais didáticos, equipamentos, laboratórios e condições de deslocamento dos alunos e professores apenas quando o atendimento escolar não puder ser assegurado diretamente nas comunidades rurais;

III - remuneração digna, inclusão nos planos de carreira e institucionalização de programas de formação continuada para os profissionais da educação que propiciem, no mínimo, o disposto nos artigos 13, 61, 62 e 67 da LDB.

Art. 16. Esta Resolução entra em vigor na data de sua publicação, ficando revogadas as disposições em contrário.

FRANCISCO APARECIDO CORDÃO
Presidente da Câmara de Educação Básica

Anexo III

Articulação Nacional
Por Uma Educação do Campo: Declaração 2002

Estamos reunidos neste Seminário Nacional para discutir sobre a Educação do Campo. Somos educadores e educadoras do campo, militantes de Movimentos Sociais do Campo, representantes de Universidades, de órgãos de governos municipais, estaduais e federal, de organizações não governamentais e de outras entidades comprometidas com a luta por políticas públicas e por uma identidade própria à educação e às escolas do campo. Trabalhamos para melhorar as condições de vida e de cidadania de milhões de brasileiros e brasileiras que vivem no campo.

Nossa caminhada, enquanto articulação nacional **Por Uma Educação do Campo,** começou no processo de preparação da Conferência Nacional "Por Uma Educação Básica do Campo", realizada em Luziânia, Goiás, de 27 a 31 de julho de 1998. A ideia da Conferência, por sua vez, surgiu durante o I Encontro Nacional de Educadoras e Educadores da Reforma Agrária (I Enera), feito em julho de 1997. A Conferência, promovida a nível nacional pelo MST, pela CNBB, UnB, Unesco e pelo Unicef, foi preparada nos estados através de encontros que reuniram os principais sujeitos de práticas e de preocupações relacionadas à *educação do campo*.

Na Conferência reafirmamos que o campo existe e que é legítima a luta por políticas públicas específicas e por um projeto educativo próprio para quem vive nele:

– No campo estão milhões de brasileiras e brasileiros, da infância até a terceira idade, que vivem e trabalham no campo como pequenos agricultores, quilombolas, povos indígenas, pescadores, camponeses, assentados, reassentados, ribeirinhos, povos da floresta, caipiras, lavradores, roceiros, sem-terra, agregados, caboclos, meeiros, boias-frias, entre outros.

– A maioria das sedes dos pequenos municípios é rural, pois sua população vive direta e indiretamente da produção do campo.

– Os povos do campo têm uma raiz cultural própria, um jeito de viver e de trabalhar, distinta do mundo urbano, e que inclui diferentes maneiras de ver e de se relacionar com o tempo, o espaço, o meio ambiente, bem como de viver e de organizar a família, a comunidade, o trabalho e a educação. Nos processos em que produzem sua existência vão também se produzindo como seres humanos.

Na Conferência também denunciamos os graves problemas da educação no campo:

– Faltam escolas para atender a todas as crianças e jovens.

– Falta infraestrutura nas escolas e ainda há muitos docentes sem a qualificação necessária.

– Falta uma política de valorização do magistério.

– Falta apoio às iniciativas de renovação pedagógica.

– Há currículos deslocados das necessidades e das questões do campo e dos interesses dos seus sujeitos.

– Os mais altos índices de analfabetismo estão no campo e entre as mulheres do campo.

– A nova geração está sendo deseducada para viver no campo, perdendo sua identidade de raiz e seu projeto de futuro. Crianças e jovens têm o direito de aprender da sabedoria dos seus antepassados e de produzir novos conhecimentos para permanecer no campo.

O processo da Conferência Nacional mostrou a necessidade e a possibilidade de continuar o *movimento* iniciado. De lá para cá, o trabalho prosseguiu em cada estado, através das ações dos diferentes sujeitos da articulação e através de encontros e de programas de formação de educadores e educadoras. Uma conquista que tivemos no âmbito das políticas públicas foi a recente aprovação das "Diretrizes Operacionais para a Educação

Básica nas Escolas do Campo" (Parecer nº 36/2001 e Resolução 1/2002 do Conselho Nacional de Educação).

Nós, que trabalhamos **Por Uma Educação do Campo** temos dois grandes objetivos:
- Mobilizar o povo que vive no campo com suas diferentes identidades e suas organizações para conquista/construção de políticas públicas na área da educação e, prioritariamente, da escolarização em todos os níveis.
- Contribuir na reflexão político-pedagógica da *educação do campo*, partindo das práticas já existentes e projetando novas ações educativas que ajudem na formação dos sujeitos do campo.

Neste final de 2002, em que o povo brasileiro se prepara para participar de um novo momento da história de nosso país, queremos reafirmar nossas principais convicções e linhas de ação na construção de um projeto específico **Por Uma Educação do Campo**, articulado a um Projeto Nacional de Educação:

1. O centro de nosso trabalho está no ser humano, nos processos de sua humanização mais plena. Precisamos assumir-nos como trabalhadoras e trabalhadores da formação humana e compreender que a educação e a escola do campo estão na esfera dos direitos humanos, direitos das pessoas e dos sujeitos sociais que vivem e trabalham no campo.
2. É necessário e possível contrapor-se à lógica de que escola do campo é escola pobre, ignorada e marginalizada, numa realidade de milhões de camponeses analfabetos e de crianças e jovens condenados a um círculo vicioso: sair do campo para continuar a estudar, e estudar para sair do campo. Reafirmamos que é preciso estudar para viver no campo!
3. Vamos continuar lutando para garantir que todas as pessoas do campo tenham acesso à educação pública e de qualidade em seus diversos níveis, voltada aos interesses da vida no campo. Nisto está em questão o tipo de escola, o projeto educativo que ali se desenvolve e o vínculo necessário desta educação com estratégias específicas de desenvolvimento humano e social do campo e de seus sujeitos.

4. Queremos vincular este movimento por educação com o movimento mais amplo do povo brasileiro por um novo projeto de desenvolvimento para o Brasil e participar ativamente das transformações necessárias no atual modelo de agricultura que exclui e mata dia a dia a dignidade de milhares de famílias no campo.
5. Quando dizemos **Por Uma Educação do Campo,** estamos afirmando a necessidade de duas lutas combinadas: pela ampliação do direito à educação e à escolarização no campo; e pela construção de uma escola que esteja *no* campo, mas que também seja *do* campo: uma escola política e pedagogicamente vinculada à história, à cultura e às causas sociais e humanas dos sujeitos do campo, e não um mero apêndice da escola pensada na cidade; uma escola enraizada também na práxis da Educação Popular e da Pedagogia do Oprimido.
6. Temos uma preocupação prioritária com a escolarização da população do campo. Mas para nós, a educação compreende todos os processos sociais de formação das pessoas como sujeitos de seu próprio destino. Neste sentido educação tem relação com cultura, com valores, com jeito de produzir, com formação para o trabalho e para a participação social.
7. Continuaremos lutando pelo respeito, pela valorização profissional e por melhores condições de trabalho e de formação para as educadoras e os educadores do campo, e conclamamos sua participação efetiva na definição da política educacional e na construção do projeto educativo do povo que vive no campo.
8. Defendemos um projeto de educação integral, preocupado também com as questões de gênero, de raça, de respeito às diferentes culturas e às diferentes gerações, de soberania alimentar, de uma agricultura e de um desenvolvimento sustentáveis, de uma política energética e de proteção ao meio ambiente.
9. O direito à educação somente será garantido no espaço público. Nossa luta é no campo das políticas públicas, e o

Estado precisa ser pressionado para que se torne um espaço público. Os movimentos sociais devem ser guardiões desse direito, e o Estado deve ouvir, respeitar e traduzir em políticas públicas as demandas do povo que vive no campo.
10. Reconhecemos a caminhada dos Movimentos Sociais do Campo, como expressão do povo organizado que faz e que pensa sobre a vida no e do campo. Das suas práticas de organização, de luta social e de educação podemos extrair muitas lições para a educação do campo. A primeira delas é que o povo que vive no campo tem que ser o sujeito de sua própria formação. Não se trata, pois, de uma educação ou uma luta *para os*, mas sim *dos* trabalhadores do campo, e é assim que ela deve ser assumida por todos os membros deste movimento **Por Uma Educação do Campo**.
11. Consideramos que há muitas transformações a serem feitas na educação em nosso país para que ela se realize como instrumento de participação democrática e de luta pela justiça social e pela emancipação humana. Nosso encontro se dá nas ações e não apenas em intenções. Queremos reeducar nossas práticas a partir do diálogo com as grandes questões de educação e de desenvolvimento social.
12. Reconhecemos os avanços da legislação educacional brasileira, em especial nos espaços abertos pela atual Lei de Diretrizes e Bases da Educação Nacional (9.394/1996), nas Diretrizes Nacionais para o funcionamento das escolas indígenas e, agora, nas Diretrizes Operacionais para as Escolas do Campo. Comprometemo-nos em lutar pela implementação destas diretrizes, bem como em contribuir para seu aperfeiçoamento. Trabalharemos pela inclusão destas diretrizes na construção dos planos municipais e estaduais de educação.
13. Queremos consolidar a articulação nacional **Por Uma Educação do Campo** e acolher todas as pessoas e organizações dispostas a trabalhar por esta causa.

Por Uma Educação do Campo:
Propostas de ação para o novo governo

1. Implementar um programa de formação para todos os educadores e educadoras do campo, de nível médio e superior, através de convênios/parcerias entre Secretarias, Universidades, Movimentos Sociais e Organizações do Campo.
   a. Curso Normal de Nível Médio específico para Educadores e Educadoras do Campo.
   b. Cursos de graduação de Pedagogia e outras licenciaturas, considerando a experiência das turmas de Pedagogia da Terra e de Pedagogia da Alternância.
   c. Cursos de pós-graduação sobre educação do campo.
   d. Cursos de formação de agentes de desenvolvimento do campo para atuação junto às comunidades, considerando as experiências desenvolvidas e novas demandas dos Movimentos Sociais.
2. Ampliar a Educação de Jovens e Adultos (EJA) do campo:
   a. MOVA do Campo – Movimento de Alfabetização do Campo para todos. Preparar as jovens e os jovens do campo para serem os educadores.
   b. Viabilizar a EJA nas Escolas de Educação Fundamental e Média.
   c. Projetos alternativos de EJA: fundamental e médio.
   d. Organização da oferta atendendo à realidade dos diferentes grupos humanos.
3. Garantir a Educação Infantil (zero a seis anos) e a Educação Fundamental nas comunidades do campo. Nos anos finais da Educação Fundamental e na Educação Média a oferta pode ser regional, mas no campo, garantindo o transporte.
4. Realizar a formação técnica (nível médio e superior) voltada às demandas de capacitação dos trabalhadores e das trabalhadoras do campo.
5. Implementar políticas públicas de valorização profissional das educadoras e dos educadores do campo.

6. Realizar concurso público para a seleção de professores e professoras do campo.
7. Produzir e editar materiais didático-pedagógicos específicos para as escolas do campo, desde o olhar das diferentes identidades que existem no campo.
8. Construir e manter escolas no campo: de educação infantil, fundamental, média e profissional. Projetar as escolas como espaços comunitários.
9. Equipar as escolas do campo com:
    a. Bibliotecas abertas à comunidade.
    b. Brinquedoteca.
    c. Salas de leitura abertas à comunidade com periódicos atualizados à disposição.
    d. Salas de informática para aprendizado de educandos, educadores e comunidade, utilizando um "software livre".
    e. Internet e vídeo (filmes) a serviço da comunidade.
    f. Materiais e equipamento de esporte e lazer.
10. Incentivar programas de pesquisa que contemplem o campo, os seus sujeitos, os Movimentos Sociais e a totalidade dos processos educativos.
11. Divulgar as "Diretrizes Operacionais para a Educação Básica nas Escolas do Campo", garantindo envio para todos os municípios e escolas do e no campo e políticas de implementação em todos os níveis.
12. Criar no MEC uma Secretaria ou coordenação da Educação do Campo para fazer a interlocução com o povo que vive no campo e suas organizações. Criar nas Secretarias de Educação Estadual e Municipal uma coordenação com a mesma finalidade.
13. Realizar oficinas e seminários ou ciclos de estudo sobre Educação do Campo nos diferentes níveis (municipal, regional, estadual e nacional).
14. Valorizar as práticas inovadoras de escolas do campo.
15. Garantir a gestão democrática (administrativa, financeira e pedagógica) na Educação.
16. Garantir escolas agrotécnicas e técnicas orientadas por um projeto popular de desenvolvimento do campo.

17. Criar política de financiamento para a Educação do Campo, em todos os níveis e modalidades, atendendo também à dimensão não escolar, conforme demandas de formação dos Movimentos Sociais do Campo e dos Povos Indígenas. Garantir o repasse diferenciado de recursos para as escolas do campo (50% a mais).
18. Definir de maneira mais precisa as responsabilidades das diferentes esferas do poder público em relação ao financiamento da educação do campo.
19. Garantir continuidade e ampliar o Pronera – Programa Nacional de Educação na Reforma Agrária, incluindo os acampamentos, e na perspectiva de torná-lo uma política pública, com fundo específico.

Educação do Campo, semente que se forma planta pelo nosso cultivar!

Seminário Nacional
"Por Uma Educação do Campo"
Brasília, 26 a 29 de novembro de 2002.

Conecte-se conosco:

f facebook.com/editoravozes

◯ @editoravozes

X @editora_vozes

▶ youtube.com/editoravozes

◯ +55 24 2233-9033

www.vozes.com.br

Conheça nossas lojas:

www.livrariavozes.com.br

Belo Horizonte – Brasília – Campinas – Cuiabá – Curitiba
Fortaleza – Juiz de Fora – Petrópolis – Recife – São Paulo

  Vozes de Bolso

EDITORA VOZES LTDA.
Rua Frei Luís, 100 – Centro – Cep 25689-900 – Petrópolis, RJ
Tel.: (24) 2233-9000 – E-mail: vendas@vozes.com.br